Paul Drogla

Vom Fressen und Gefressenwerden

Paul Drogla

Vom Fressen und Gefressenwerden

Filmische Rezeption und Re-Inszenierung des wilden Kannibalen

Tectum Verlag

Paul Drogla

Vom Fressen und Gefressenwerden
Filmische Rezeption und Re-Inszenierung des wilden Kannibalen

ISBN: 978-3-8288-3276-3

Druck und Bindung: CPI buchbücher.de, Birkach
Printed in Germany

Besuchen Sie uns im Internet
www.tectum-verlag.de

Bibliografische Informationen der Deutschen Nationalbibliothek
Die Deutsche Nationalbibliothek verzeichnet diese Publikation in der Deutschen Nationalbibliografie; detaillierte bibliografische Angaben sind im Internet über http://dnb.ddb.de abrufbar.

Inhaltsverzeichnis

Vorwort

Eli Roth, der sowohl mit CABIN FEVER (CABIN FEVER, USA 2002, Regie: Eli Roth) als auch mit HOSTEL (HOSTEL, USA 2005, Regie: Eli Roth) entscheidend dazu beitrug, dass der harte Horrorfilm im neuen Jahrtausend *Mainstream*-tauglich wurde, begab sich im Spätherbst 2012 mit seiner Crew ins peruanische Amazonasgebiet, um mit Dreharbeiten zu beginnen. Unter dem vorläufigen Arbeitstitel THE GREEN INFERNO (THE GREEN INFERNO, USA 2013, Regie: Eli Roth) sollte ein Kannibalenfilm entstehen, der bei erfolgreicher Kinoauswertung die derzeit vorherrschende Forschungsmeinung mit populärkultureller Beweislast widerlegen könnte, dass der wilde, im Dschungel verborgene Kannibale als filmisches Motiv des Schreckens seine Funktion und sein Potenzial verloren habe. Unabhängig von der zukünftigen Rezeption und Akzeptanz des Films und dem eventuell daraus resultierendem Potenzial für Trittbrettfahrer ist dieser aktuelle Forschungsstandpunkt bereits jetzt widerlegbar, sofern der Fokus vom Horrorfilm auf alle Genres ausgeweitet wird, die das Motiv tangieren können. Denn als charakteristischer Irrtum der bisherigen Untersuchungen zum nativen Kannibalen im filmischen Kontext ist der eingeengte Fokus auf Vertreter des Horrorgenres herauszustellen, was die Annahme einschließen müsste, dass der Anthropophage außerhalb des Genres filmisch kaum oder gar nicht rezipiert werden würde. Die vorliegende Arbeit wagt darum den Blick über den Tellerrand und versucht, vielfältige Motivvariationen von ihrem Ursprung bis zu ihrer gegenwärtigen filmischen Rezeption und (Re-)Inszenierung zu verfolgen.

Es handelt sich bei diesem Text um die punktuell erweiterte wissenschaftliche Arbeit des Verfassers, die im März 2012 zur Erlangung des ersten Staatsexamens an der Technischen Universität Dresden eingereicht wurde. Der Ausgangspunkt war das Erfassen eines Kategorien- und Stereotypengerüsts der filmischen Inszenierung des wilden Kannibalen und dessen rezeptiven Ursprungs. Sehr schnell erwies sich jedoch sowohl der Fundus an bereits vorhandener Basisliteratur als auch die stetig wachsende Menge an zu untersuchenden Filmen als wesentlich umfangreicher, als hier schlussendlich dargestellt und umrissen werden konnte. Diese Arbeit kann und will deshalb einem Vollständigkeitsanspruch nicht gerecht werden. Der Verfasser unternahm den Versuch eines allgemeinen Forschungsüberblicks, der Entwicklung einer Kategorisierungsmöglichkeit und einer ausführlichen Motivanalyse anhand exemplarischer Filme, um so die weißen Flecken auf der Karte der wahrgenommenen Filmkannibalen zu füllen. Die hier vorliegende Arbeit möchte somit auch als Motivation und Impuls verstanden werden, sich der Thematik aus neuem Blickwinkel anzunehmen.

Eine umfassende Arbeit zu einem derart exotischen Thema bringt eine entscheidende Schwierigkeit mit sich: Da die medienwissenschaftliche Aufarbeitung der Anthropophagie jenseits des Horrorfilms derzeit recht spärlich ausfällt, bisweilen sogar nicht vorhanden ist, sind lokale Literaturbestände stark begrenzt und schnell aufgebraucht. Das Zusammentragen eines umfangreichen - wenn auch längst nicht erschöpfenden - Literaturkatalogs ist dementsprechend mit hohem Aufwand verbunden und an die Mithilfe einiger Freunde und Unterstützer gebunden. Mein tiefster Dank geht daher an: Marco Koch (Bremen), Michael Humberg (Hamburg) und Erwin A. Pech (Leipzig). Ohne ihre Unterstützung mit Textmaterial wären meine Thesen nur schwerlich zu untermauern gewesen. Ebenso muss Norbert Herms (Dresden) für lange und ertragreiche Gespräche gedankt werden, in denen er akribisch die Tauglichkeit meiner Behauptungen prüfte und hinterfragte. Ferner sei für das sehr rasche Beschaffen einiger recht seltener Filme und Dokumentationen Alex Wank (Wien), Harald L. (Frankfurt a.M.), Daniel Barwick (Halberstadt) und ganz speziell Jochen Kulmer (Graz) mein größter Dank ausgesprochen.

Für das Gegenlesen sowie das kompetente Kommentieren und Hinterfragen des Manuskripts gebührt Stefanie Gottschlich (Dresden) Dank, die sich trotz Schrecken durch meine plastischen Beschreibungen gearbeitet hat. Darüber hinaus gilt dies für das vollständige und stets gewissenhafte Lektorat des ursprünglichen Textes für Jochen Kulmer, Raimund Herms (Magdeburg) und Katrin Sommer (Dresden). Abschließend gehört Gunnar Stelling (Buxtehude) meine größte Erkenntlichkeit für das finale Lektorieren des Volltextes.

Zuletzt muss meine besondere Dankbarkeit an Herrn Prof. Dr. Jürgen Müller (TU Dresden) und Frau Jun.-Prof. Dr. Sara Burkhardt (TU Dresden) für die Annahme dieses exotischen Themas ausgesprochen werden, ohne deren Zuspruch diese Arbeit in diesem Umfang nie zustande gekommen wäre.

Paul Drogla, Juli 2013

1 Einleitung

Fressen und Gefressenwerden ist das primäre Naturgesetz schlechthin. Es illustriert die rohe Wildheit der Natur, die Abwesenheit von Moral und Werten im täglichen Kampf ums Überleben und den nicht zu unterschätzenden Umstand, dass es nur einen Sieger geben kann und demgegenüber einen Verlierer geben muss. Üblicherweise wird der Letztere im Anschluss an seine Niederlage verzehrt. Ebenfalls üblich ist es, dass diese Gesetzmäßigkeit außerhalb der menschlichen Zivilisation und menschlicher Wirkungssphären angesiedelt wird.

„Der Mensch frisst nicht, er isst", korrigieren Eltern und Erzieher die Kinder. Der Begriff *essen* impliziert demnach etwas Zivilisiertes, einen Kulturbestandteil, genauer: Esskultur. Wird vom „Essenden" gesprochen, assoziiert man einen Menschen als thematischen Gegenstand, ohne dass er als solcher bezeichnet werden muss. Spräche man hingegen vom „Gegessen werden", könnte dies den Gedanken enthalten, dass ein Mensch durch einen anderen verzehrt wird, was wiederum unzivilisiert wäre - es wäre Unkultur! Denn Kannibalismus ist ein Tabu! Dennoch wird die Menschenfresserei[1] häufig und vielfältig thematisiert. Sie ist ein Ariadnefaden, der die kulturelle Identität stark beeinflusst hat und dies noch tut. Zahlreiche Volksmärchen, Sagen, Göttergeschichten und Legenden enthalten dieses Element. Aber auch außerhalb literarisch-mythischer Verklärungen taucht es auf. Schon beim antiken Historiker Herodot findet sich eine Eigenart, die Kulturen und die Völker dieser Welt in ihrem Umgang mit Anderen prägt: Alles, was sich an den Grenzen der bekannten Welt befindet, wird der Anthropophagie zugerechnet und somit stigmatisiert. „In der Fremde wohnen immer Ungeheuer, weil die Fremde nicht geheuer ist."[2]

---

1 Der deutsche Sprachgebrauch gibt hier eine kulturelle Degradierung her. Statt des *Menschenessers* (vgl. den englischen *man-eater*), hat sich der *Menschenfresser* schon seit dem späten Mittelalter eingebürgert. Auch wird das Verb *fressen* zur Umschreibung einer maß- und zügellosen, unkultivierten - gar tierischen - Form des Essens benutzt. Die Worte ziehen folglich schon Grenzen, allerdings nur im Bezug auf den Täter. Das Fleisch kann tierischen wie menschlichen Ursprungs sein, wo das Englische hingegen „(...) zwischen dem *flesh* der Menschen und dem *meat* des Schlachtviehs (...)" eine konkrete Grenze zieht. *Brinckmann, Christine N.*: Unsägliche Genüsse. In: Montage/AV. Zeitschrift für Theorie und Geschichte audiovisueller Kommunikation, 2/2001, (Jg. 10), S. 77-94, hier S. 79.

2 *Spiel, Christian*: Menschen essen Menschen. Die Welt der Kannibalen, Frankfurt am Main 1974, S. 20.

Kannibalismus als Stigma erfüllte die Funktion der Abgrenzung des eigenen, als zivilisiert empfundenen Zustandes vom wilden, zwangsläufig primitiven Fremden. Genau in dieser Form hielt er Einzug in die kulturelle Reflektion. So verarbeitet zum Beispiel das alte Volksmärchen *Hänsel und Gretel* das Thema Kannibalismus,[3] genauer: Hexenkannibalismus, womit zugleich eine weitere Funktion deutlich wird. Das Stigma der Menschenfresserei dient nicht nur dazu, die Randbereiche des Bekannten zu denunzieren und abzugrenzen, denn auch das Fremde und Unheimliche innerhalb der eigenen Gesellschaft kann vom Übrigen separiert werden.[4] Dadurch wird der Kannibalismus-Vorwurf auch zur notwendigen Rechtfertigung von gewaltsamer Eroberung, Ermordung, Unterdrückung und Versklavung. Dies ist eine Funktion, die sich aus der eigenen Gesellschaft wieder an die Randbereiche transferieren lässt. Im Laufe der Zeit wurde dieses Faktum prägend und führte zur völligen Aberkennung eines möglichen kulturellen Hintergrundes. Kannibalismus ist ein kulturfreier, bestialischer Akt der Barbarei.[5] Konkrete Ideen von Moral und Ethik verbieten ihn und stigmatisieren ihn als Unsitte. Wenn nun ein anderer, uns fremder Kulturkreis aber Anthropophagie kennt, toleriert oder gar wünscht, heißt es aus der Perspektive der Zivilisation heraus, dass

---

3 Das britische Märchen *Hans und die Bohnenranke* oder auch die Episode der Irrfahrt des Odysseus, die auf die Insel des Kyklopen führt, sind weitere von unzähligen Beispielen. Alles Schlechte wird hier nicht nur metaphorisch überspitzt, sondern findet auch in der Körpergröße seinen Ausdruck und bringt final das Zerrbild eines Riesenmenschen hervor, der andere Menschen frisst. Für ein breitgefächertes Repertoire an Beispielen aus Kunst und Kultur vgl. *Thomsen, Christian W.*: Menschenfresser - in Mythen, Kunst und fernen Ländern, (überarbeitete Neuausgabe) Erfstadt 2006.

4 Vgl. *Röckelein, Hedwig*: Kannibalismus und europäische Kultur. In: *Dies. (Hrsg.)*: Kannibalismus und europäische Kultur, Tübingen 1996, S. 9-27, hier S. 10ff. Zum kannibalischen Infantizid als Hexenstereotyp zur Ausgrenzung innerhalb der eigenen Gesellschaft vgl. a. a. O. S. 13 und dort auch die weiterführende Literatur. Exemplarisch angemerkt sei auch, dass bereits den Christen und Juden von den Römern Kannibalismus vorgeworfen wurde.

5 Demgegenüber waren jedoch die antiken Barbaren auf ihre Art zivilisiert. Sie trugen Kleidung, hatten Schrift und eine Rechtsordnung. Der Begriff diente zur Abgrenzung und zur Formung eines Feindbildes. Vgl. *Lebek, Wolfgang Dieter*: Kannibalen und Kariben auf der Ersten Reise des Columbus. In: *Fulda, Daniel; Pape, Walter (Hrsg.)*: Das Andere Essen. Kannibalismus als Motiv und Metapher in der Literatur, Freiburg im Breisgau 2001, S. 53-112, hier S. 57 und speziell Anm. 6. Eine gute Einführung in die Geschichte des Rassismus auf Basis ausgrenzender Diffamierungen bietet *Geulen, Christian*: Geschichte des Rassismus, München 2007, hierfür speziell S. 16-24.

es sich nicht um Kultur handele.[6] Kannibalismus ist folglich kulturzersetzend funktionalisiert im Hinblick auf Fremdes und Unbekanntes und dient demgegenüber der kulturbestätigenden Selbstvergewisserung.

Aber nicht nur in den Äußerungen der vergangenen Jahrhunderte ist der Kannibalismus anzutreffen. Er ist bis heute in sämtlichen Medien ein gern aufgegriffenes Thema. Aus der Sicherheit der gedrängten Großstädte und Ballungszentren heraus wird das kannibalische Motiv regelmäßig ins kollektive Gedächtnis gerückt. Nicht nur die metaphorisch-sinnbildliche Verwendung des Begriffs[7] oder auch gelegentlich rabiat an die Öffentlichkeit dringende Fälle von Menschenfresserei im vermeintlich zivilisierten Umfeld sorgen hierbei für reges Interesse und Schaudern zugleich,[8] sondern auch die bloße Vorstellung davon und ihre regelmäßige Aufarbeitung im Medium Film, heute speziell im Thriller- und Horrorfilmbereich.

Der von Daniel Fulda resümierten Frage nach der Aussage der vielfältig produzierten „kannibalistischen Fiktionen" über den Produzenten, also auch „(...) über die *Struktur der westlichen Kultur* (...)"[9] sei mit der Betrachtung filmischer Rezeption und Inszenierung des

---

6 Gerade aber ritueller Kannibalismus zeugt doch nur von einem anderen Welt- und Naturverständnis. Die Vorstellung davon, dass beispielsweise die Kräfte der Natur und des Menschen durch Einverleibung übertragbar sind, mag uns zwar fremd sein, ihr liegt aber ein komplexes Verständnis von Natur und der eigenen Rolle darin zu Grunde. Eben dieses Verständnis fußt in kulturellen Äußerungen und Handlungen.

7 Beispielsweise durch Medien und Politiker, vgl. Röckelein (1996), S. 10ff.

8 Genannt sei hier das prominente Beispiel des sogenannten „Kannibalen von Rotenburg", Armin Meiwes, dessen Fall 2001 medial stark reflektiert wurde und bisher zwei Spielfilme nach sich zog: ROHTENBURG (GRIMM LOVE, Deutschland/USA 2006, Regie: Martin Weisz) und CANNIBAL - Aus dem Tagebuch des Kannibalen (CANNIBAL - Aus dem Tagebuch des Kannibalen, Deutschland 2006, Regie: Marian Dora), Stand: Frühjahr 2013. Für weitere, wenn auch längst nicht alle Fälle der vergangenen Dekade, die in Deutschland massenmedial reflektiert wurden, vgl. *Riße, Manfred*: Abendmahl der Mörder. Kannibalen - Mythos und Wirklichkeit, Leipzig 2007, S. 163-169.

9 *Fulda, Daniel*: Unbehagen in der Kultur, Behagen in der Unkultur. Ästhetische und wissenschaftliche Faszination der Anthropophagie. In: *Ders.; Pape, Walter (Hrsg.)*: Das Andere Essen. Kannibalismus als Motiv und Metapher in der Literatur, Freiburg im Breisgau 2001, S. 7-50, hier S. 10 (Hervorhebung im Original).

anthropophagen Wilden[10] ein illustrierendes Beispiel zur Seite gestellt. Denn offenbar läuft vieles darauf hinaus, dass den abendländischen Gesellschaften das fundamentale Bedürfnis innewohnt, sich von dem Anderen abzugrenzen.[11] So dies der Versicherung der eigenen Identität dient, sagt es jedoch im Umkehrschluss, dass den westlichen Gesellschaften im Zuge von Modernisierung, Globalisierung, Weltoffenheit und auch rasanter Welterforschung eben diese abhanden gekommen ist. Oder, sofern überhaupt eine bewusst wahrgenommene Identität existierte, dass die schnelllebige Zeit den Mangel einer solchen und das Bedürfnis nach einer Sicherheit spendenden kulturellen Identität offenlegte.

Der Kannibale in all seinen Variationen ist seit der Salonfähigkeit des Films ein beliebtes Motiv.[12] Die große Fülle an Filmen höchst unterschiedlicher Qualität mit mehr oder minder kannibalischen Motiven und Andeutungen zwingt entsprechend zu einer Begrenzung des Untersuchungsgegenstands.[13] Allerdings soll diese hier nicht zeitlich

---

10 Bereits Montaigne verwies darauf, dass der Begriff „Wilder" kritisch sei, da er rohes und unzivilisiertes Verhalten impliziert und die „(…) Unbefangenheit [sowie] reine und einfache Natürlichkeit (…)" der Völker diffamiere. Vgl. Thomsen (2006), S. 161. Die begriffliche Fortschreibung „Wilder", „westlich" und „abendländisch" im Kontrast zu allem anderen sowie „schwarz" und „weiß" soll nachfolgend nicht rassistisch aufgefasst werden. Sie entspringt keiner ethnozentrischen Perspektive, sondern ist dem Umstand geschuldet, dass die politische Nutzung der Begriffe unseren Wortschatz derart tiefgreifend geprägt hat, dass es an Synonymen mangelt.

11 Der Grenzziehung ist der Kannibale besonders dienlich, respektiert doch gerade er keine zwischenmenschlichen Grenzen, vgl. Fulda (2001), S. 10. Zusätzlich ist er als primitiver, nahezu noch steinzeitlicher Mensch ein geeigneter Gegenentwurf zum eigenen Verständnis von Zivilisation, Kultur und Gesellschaft.

12 Nach Fulda verweist die vielfach zu konstatierende Faszination am Kannibalismus „(…) auf ein komplementäres Bedürfnis nach Grenzüberschreitung, auf ein *Behagen an der Unkultur*." Fulda (2001), S. 13.

13 Ein Blick in die Forschung offenbart bereits Versuche einer Eingrenzung. So ist bei Michaela Krützen eine Konzentration auf amerikanische und europäische Spielfilme mit Kinopremiere, die nach 1960 erschienen, zu erkennen. Der Grund für die Zäsur ist, dass „(…) [z]eitgleich zur Durchsetzung des Mediums Fernsehen (…) der Beginn des sogenannten modernen Kinos angesetzt (…)" wird. Vgl. *Krützen, Michaela*: »I'm having an old friend for dinner«. Ein Menschenfresser im Klassischen Hollywoodkino. In: *Fulda, Daniel; Pape, Walter (Hrsg.)*: Das Andere Essen. Kannibalismus als Motiv und Metapher in der Literatur, Freiburg im Breisgau 2001, S. 483-531, hier S. 485. Hierdurch wurde aber der Betrachtungsgegenstand derartig stark eingeschränkt, dass nur Thriller und Horrorfilme untersucht werden konnten.

erfolgen, sondern den Kannibalismus an sich auf seinen ursprünglich wahrgenommenen Zustand beschränken. Diese Abgrenzung erscheint – neben der Fülle an themengleichen Filmen bei mangelnder Einschränkung – sinnvoll, da das Motiv des wilden Menschenfressers auch über die Grenzen des Horrorgenres hinaus ragt, ohne dabei an Grusel und gleichermaßen auch an Faszinationspotenzial einzubüßen. Er ist ein genreübergreifendes Motiv für nahezu jede Altersgruppe. Dies setzt allerdings einen hohen Wiedererkennungswert seiner Attribute und eine konkrete Vorstellung seiner Tätigkeit auch ohne audiovisuelle Umsetzung voraus. Wenn sich dies in Filmen außerhalb des Horrorgenres nachweisen ließe, wäre ein hinreichender Beleg für eine tiefe Verankerung des Motivs im kollektiven Gedächtnis erbracht.

Das Bild des kannibalischen Wilden ist nicht erst im Film zu suchen. Seine Wurzeln reichen tiefer ins kulturelle Gedächtnis der Europäer. Es sollen im Folgenden darum die Spuren der natürlichen Kannibalen durch die Medien- und Rezeptionsgeschichte nachgezeichnet und anschließend speziell ihre Ausprägungen in der kinematographischen Spiegelung untersucht werden. Diese nahm nämlich das bereits ausgebildete, kannibalische Motiv bereitwillig auf. Wichtig wird anschließend die Frage danach, durch welche Vorbedingungen und Zäsuren der Weg geebnet wurde, dass der native Kannibale vom Element des Schreckens und der Gefahr im Abenteuerfilm durch Reduktion auf die Schauwerte des kannibalischen Aktes schließlich in den Horrorfilmbereich übertragen werden konnte. Erhellend kann hierbei die Frage nach einem eventuellen Wandel des Kannibalenmotivs sein. So soll belegt werden, dass das Medium Film die seit 1979 entbrannte Debatte um den Mythos des menschenfressenden Wilden nicht nur nicht reflektiert, sondern ihr bisweilen auch entgegen arbeitet. Der filmische Kannibale ist zu diesem Zeitpunkt möglicherweise längst eine eigene filmische Figur geworden, die vom historisch-ethnologischen Diskurs unberührt blieb.

Dass der Forschung eine umfassende Betrachtung der kinematographischen Inszenierung des anthropophagen Wilden in Ermangelung einer erschöpfenden Kategorisierung bisher nicht gelungen ist, soll hier dargelegt werden. Da lediglich die Umsetzungen im Horrorgenre im Blickfeld erscheinen, sind Fehlurteile, welche die Attraktivität des filmischen Motivs mangels empfundener Bedrohung schwinden sehen,[14] erklärbar. Sie sind aber auch unzureichend. Nach einem knap-

---

14 Vgl. *Schrey, Dominik*: "If I die, you can eat me" - Kannibalismus als Motiv im Spielfilm. In: *Hoffstadt, Christian; Peschke, Franz; Schulz-Buchta, Andreas;*

pen Abriss und Forschungsüberblick bezüglich der filmischen Umsetzung von Kannibalismus im Allgemeinen und einem Blick auf die Rezeption des Kannibalen vor dem Medium Film soll darum anhand eines Kategoriengerüsts die filmische Vielfalt des nativen Kannibalen offengelegt werden. Ob sich die Motivtradition auf einzelne Genres beschränken lässt und lediglich eine wiederkehrende Zitation aufweist oder ob sie über den Film hinaus reicht und somit wesentlich tiefer im abendländischen Bewusstsein eingeschrieben ist, soll dadurch offengelegt werden.

1.1 Thematische Eingrenzungen und Spielarten des Kannibalismus

Seit den 1990er Jahren rückt die kulturelle Reflektion des Kannibalismus immer mehr in das Betrachtungsfeld wissenschaftlicher Untersuchungen. Der filmischen Verarbeitung des Themas wird dabei allerdings kaum Beachtung geschenkt, sie wird „(...) lediglich pflichtbewusst erwähnt."[15] Ein großes Spektrum dieser Analysen kannibalischer Rezeptionen entstammt der Literaturwissenschaft.[16] Hinzu treten bereits seit Sigmund Freud psycho-analytische Überlegungen.[17] Die Betrachtung der filmischen Inszenierung des Kannibalen - so sie überhaupt ins Blickfeld rückt - findet kaum differenziert und kategorisiert statt und orientiert sich meist am Motiv des „zivilisierten" Menschenfressers, was somit thematisch auf das Thriller- und Horrorgenre einschränkt. Explizit sei hier das Lieblingsmotiv der Analysen,

Nagenborg, Michael (Hrsg.): Der Fremdkörper. Bochum, Freiburg im Breisgau 2008, S. 551-570, hier S. 563 und Krützen (2001), S. 495.

15 Schrey (2008), S. 552.

16 Jüngst zum Beispiel *Moser, Christian*: Kannibalische Katharsis. Literarische und filmische Inszenierungen der Anthropophagie von James Cook bis Bret Easton Ellis, Bielefeld 2005, nahezu alle Beiträge in *Fulda, Daniel; Pape, Walter (Hrsg.)*: Das Andere Essen. Kannibalismus als Motiv und Metapher in der Literatur, Freiburg im Breisgau 2001 und in *Keck, Annette; Kording, Inka; Prochaska, Anja (Hrsg.)*: Verschlungene Grenzen. Anthropophagie in Literatur und Kulturwissenschaften, Tübingen 1999 sowie ausführlich bei Thomsen (2006). Allen Beispielen ist auch ein knapper Blick auf die filmische Rezeption anzurechnen.

17 Vgl. u.a. *Gerlach, Alf*: Kannibalische Liebe, kannibalischer Haß. Psychoanalytische Überlegungen zu kannibalischen Phantasien und Ritualen. In: *Röckelein, Hedwig (Hrsg.)*: Kannibalismus und europäische Kultur, Tübingen 1996, S. 207-232. Weiterführende Literatur a. a. O.

Hannibal Lecter,[18] verkörpert durch Anthony Hopkins, genannt.[19] Der hier auftretende Kannibale ist fest in der Zivilisation verwurzelt; er ist als Antagonist der Inbegriff eines „gebildeten Wilden"[20] und kann als Serienkiller auch Antiheld sein.

In anderen Variationen des Motivs ist der Kannibale (und meist seine gesamte Sippschaft) eine aus der Zivilisation hervorgehende Degeneration oder auch Mutation und somit ein eigenständiges kannibalisches Stereotyp, das häufig bis ausschließlich im Horrorfilm zu finden ist. Zum ersten Mal tauchte diese Form im Gruselfilm (DER GEHEIMNISVOLLE) DOKTOR X (DOCTOR X, USA 1932, Regie: Michael Curtiz) auf, bleibt aber vorerst ein Einzelfall. Eine Hochkonjunktur erfuhr der in der Zivilisation auftretende Kannibalismus in seiner filmischen Inszenierung seit den frühen siebziger Jahren. Der Filmwissenschaftler Andrew Tudor beschreibt anhand eingehender Untersuchungen der Kulturgeschichte des Horrorfilms in diesem Zeitraum einen Bruch innerhalb des Genres. Es vollzog sich ein grundlegender Wechsel vom „secure horror", dessen Aktionsraum in sicherer Entfernung zu verorten war, zum „paranoid horror", der sämtliche Schrecken in der direkten Nachbarschaft platziert.[21] Der Kannibalismus, ursprünglich beinahe ausschließlich nativen Völkern zugeschrieben, folgte diesem Wechsel. Auffallend häufig geht er seitdem aus dem Dschungel der anonymen Großstadt individualisiert hervor.

---

18 Aus DAS SCHWEIGEN DER LÄMMER (THE SILENCE OF THE LAMBS, USA 1991, Regie: Jonathan Demme), HANNIBAL (HANNIBAL, USA, Großbritannien, Italien 2001, Regie: Ridley Scott) und ROTER DRACHE (RED DRAGON, USA 2002, Regie: Brett Ratner). Letzterer als Prequel zur hier aufgeführten Spielfilmreihe und als Remake von BLUTMOND (MANHUNTER, USA 1986, Regie: Michael Mann), wobei in BLUTMOND der Hannibal (hier noch „Lecktor") von Brian Cox gespielt wird. HANNIBAL RISING - Wie alles begann (HANNIBAL RISING, Großbritannien 2007, Regie: Peter Webber) gehört ebenfalls in diese Aufzählung, kommt aber ohne Anthony Hopkins aus. Hier wird kriegsbedingt erlebter Hungerkannibalismus als Auslöser des kannibalischen Triebes des jungen Hannibals herausgearbeitet.

19 So bei Krützen (2001), S. 483-531, und in der für die Neuauflage eingeschobenen Betrachtung des Kannibalen im Film bei Thomsen (2006), S. 7-30.

20 „»Hannibal the cannibal« ein Philologe - das konterkariert jenen Topos des traditionellen Anthropophagiediskurses, der im Verspeisen von Menschen alle Bemühungen um sprachliche Begegnung abgeschnitten sieht (...)." Fulda (2001), S. 9.

21 Vgl. entsprechende Ausführungen zur These bei Moser (2005), S. 84ff.

Nahezu alle wissenschaftlichen Arbeiten zum Thema konzentrieren sich auf das Horrorgenre. Dies ist in der Tat kein schlechter Ansatz, aber auch keiner, der das Thema in seiner ganzen Fülle erfasst. Dem kannibalischen Akt wohnt zwar ein grundlegendes Element des Grauens inne, in dieser Form ist er aber nicht nur auf den Horrorfilm zu reduzieren. Viel eher ist bei genauerer Betrachtung zu erkennen, dass das Motiv auch jenseits von pathologischen Killern vielfältig im Medium Film auftaucht - und zwar nicht Genre-gebunden. Beispielsweise findet sich die Thematisierung von Hungerkannibalismus in vielfältig differenzierter, kinematographischer Aufarbeitung.[22] Da es sich um die nahezu einzige, unter Berücksichtigung der Umstände tolerierbare oder zumindest aus abendländischer Perspektive nachvollziehbare Form von Kannibalismus handelt, findet auch dieser nur direkt den zivilisierten Mitmenschen betreffende kinematographische Reflexion.[23] Als notwendige Tat aus unbändigem Überlebenswillen heraus einerseits und selbstopferndem Akt der Verstorbenen zum Wohle der Gruppe andererseits wird Hungerkannibalismus so dem wilden, primitiven und asozialen Stigma entrissen.[24] Röckelein stellte allerdings bei der Betrachtung realer Fälle von Hungerkannibalismus fest, dass der Täter vom zivilisierten Umfeld durch den Akt des Tabubruchs selbst tabuisiert wird und nur schwerlich - mangels entsprechender Katharsisrituale - wieder in die Gesellschaft zurückfindet.[25]

---

22 Differenziert nach eingeschränkter und uneingeschränkter respektive globaler Hungeranthropophagie, nach Schrey (2008), S. 553-558. Letztere Form verortet Schrey hauptsächlich im Science-Fiction-Film, so zum Beispiel der ökonomische Kannibalismus in ...JAHR 2022... DIE ÜBERLEBEN WOLLEN (SOYLENT GREEN, USA 1973, Regie: Richard Fleischer), aber auch postapokalyptischer Hungerkannibalismus in DELICATESSEN (DELICATESSEN, Frankreich 1991, Regie: Jean-Pierre Jeunet) oder jüngst in THE ROAD (THE ROAD, USA 2009, Regie: John Hillcoat), THE BOOK OF ELI - Die Zukunft der Welt liegt in seinen Händen (THE BOOK OF ELI, USA 2010, Regie: Albert und Allen Hughes) u. a. Eingeschränkte Hungeranthropophagie meint hingegen vereinzelte Fälle aus extremen Notsituationen heraus.

23 Der Fall der 1972 über den Anden abgestürzten Rugby-Mannschaft ist der wahrscheinlich bekannteste. Mit ÜBERLEBEN! (SUPERVIVIENTES DE LOS ANDES, Mexiko 1976, Regie: René Cardona) und ÜBERLEBEN! (ALIVE, USA 1993, Regie: Frank Marshall) ist er zweimalig verfilmt und entsprechend im kollektiven Gedächtnis verankert worden.

24 Vgl. Schrey (2008), S. 554f.

25 Vgl. Röckelein (1996), S. 12. „Ähnlich dem Inzest, aber womöglich noch strikter, lastet auf dem Kannibalismus ein Tabu, ein Ekel, ein Grauen. Wer in unserer Gesellschaft dazu schreitet, Menschen zu verzehren, ist aus der Gemeinschaft ausgestoßen, ganz gleich, ob ihn die Not getrieben hat oder

Derart ausgegrenzt findet der Täter seinen Platz neben der Urvorstellung des Kannibalen: Dem unzivilisierten Gegenentwurf zum zivilisierten Selbstverständnis. Das Gebot der hier vorgelegten, thematischen Reduktion ist somit bereits begründet. Ein Zivilisierter wird durch Notsituationen zum Kannibalismus gezwungen oder ist klar als pathologisches, asoziales Subjekt gekennzeichnet. Der Unzivilisierte hingegen ist freiwillig und aus rituellen Gründen Kannibale. Er ist darum Stellvertreter und Synonym für die primitive und kulturfreie Pervertierung des Essens, sowohl in Bezug auf die Art des Verzehrs als auch auf die Art der Speise. Auf diese Weise wird er zum asozialen Subjekt und trägt das Stigma des animalischen Wilden, des Vertreters eines kulturellen Gegenentwurfs zur gesellschaftseigenen Vorstellung von Sitte und Moral.

Folgt man nun der These Schreys, dass die Motivtradition des kannibalischen Serienmörders im Grunde eine strukturelle Inversion des Motivs der indigenen, kannibalischen Völker ist,[26] sind letztere die rudimentäre Basis. Sie waren als erste im kollektiven Gedächtnis eingeschrieben, sowohl literarisch als auch in der späteren filmischen Rezeption. Sie begründeten die Motivtradition! Unter diesem Gesichtspunkt ist es auffällig, dass dem wilden Kannibalen durch die wissenschaftliche Betrachtung kaum Aufmerksamkeit zukommt, so er sich außerhalb des Horrorgenres bewegt. Im Mittelpunkt dieser Untersuchung soll darum der exotische Kannibale stehen, der von der Zivilisation vorerst unberührt geblieben ist. Ihm sind nämlich elementare Punkte zu eigen, die ihn von anderen, meist fiktionalen und teils zivilisierten Kannibalen unterscheiden: Er trägt nicht nur das Stigma des distinguierten Blicks in die Ferne und auf das Fremde, er ist die Personifizierung dieser Stigmatisierung und gleichzeitig auch Kannibale in seiner reinsten und stereotypen Form, man möchte sagen: in seiner natürlichen Form. Weiterhin ist er als freiwilliger Menschenfresser nicht allein. Er agiert aus einer großen Gruppe, einem entindividualisierten Stamm, heraus. Darum hat das Individuum hier, im Gegensatz zum Kannibalen, der in der Zivilisation agiert, kaum Bedeutung und bleibt anonym. Hierin liegt auch die Wahrnehmung der

---

eine perverse Lust. Und wer nicht vor Gericht gestellt wird, sollte dennoch für den Rest seines Lebens an dieser Tat leiden, die unaussprechlich ist und die man nicht sühnen kann." Brinckmann (2001), S. 79. „Der Kannibale – besonders der pathologische – ist ein Fremdkörper, den die Gesellschaft isolieren und ausstoßen muss, um ihr Fortbestehen sicherzustellen." Schrey (2008), S. 553.

26 Vgl. Schrey (2008), S. 568. „Die Mengenverhältnisse der wichtigen Elemente und ihre Beziehung zueinander werden umgekehrt (...)." Ebd., S. 568.

Gefährlichkeit eines aggressiven, kannibalischen Stammes begründet. Anthropophagie ist hier keine pathologische Randerscheinung, eine antisoziale Erkrankung oder eine sexuelle Perversion. Kannibalismus ist hier kultureller Bestandteil eines Kollektivs.[27] Und in einer mal mehr und mal weniger stark ausgeprägten Form wird dieser filmisch regelmäßig neu inszeniert und folglich als Vorstellung von Unkultur im kollektiven Bewusstsein verankert.

Es soll im Folgenden aufgezeigt werden, dass sich ein kolonialistisches Phantasma durch konstante filmische Rezeption zu einem eigenständigen, funktionalisierten und genreübergreifenden Motiv entwickelt hat, welches schlussendlich in den Kanon der Filmmonstren aufgenommen wurde. Derart weiterentwickelt, der ethnologischen Wirklichkeit entrückt und als Stereotyp manifestiert, erweist es sich als resistent gegen Kritik und schreibt so zwangsläufig veraltete Topoi fort. Da diese Entwicklung beinahe unbemerkt an der Peripherie cineastischer Wahrnehmung stattfand, muss folglich die gesamte Bandbreite der filmischen Rezeption nativer Anthropophagie anhand von Beispielen erfasst und kategorisiert werden.

---

27 Differenziert werden wird nachfolgend zwischen Exokannibalismus und Endokannibalismus. Nach Eli Sagan - laut Gerlach - auch als „aggressiver Kannibalismus" und „zärtlicher Kannibalismus" verstanden. Exo- oder aggressiver Kannibalismus ist dabei nach außen gerichtet, meist wird so ein kriegerischer Konflikt erst in Mund und Magen des siegreichen Stammes beigelegt, vgl. detailliert bei Gerlach (1996), S. 223f. Endo- oder zärtlicher Kannibalismus bezieht sich auf den eigenen Stamm oder gar eigene Verwandte, vgl. ebd., S. 225f. Häufig zählt hierzu bereits das Trinken von Blut oder geriebener, in Wasser gelöster Knochen.

2 Begriffsprovenienzen und perspektivische Wahrnehmung des Kannibalen

2.1 *Anthropophagie* in der europäischen Antike[28]

Ein anthropophages indigenes Volk, einen einstmals von der Zivilisation unberührten und dann entdeckten kannibalischen Stamm, kannte die europäische Antike nicht. Das Kannibalenstigma hingegen existierte sehr wohl und erhielt einen eigenen Begriff: *Anthropophagie*. In zwei Ausprägungen tritt sie bereits seit der griechischen Archaik aus den Quellen hervor: Zum einen innerhalb von Legenden und Mythen,[29] zum anderen - und hier speziell bei Herodot - bei Beschreibungen von Völkern an der Peripherie der bekannten Welt.

Erstmals findet sich die Menschenfresserei, allerdings noch unabhängig vom Begriff *Anthropophagie*, sondern durch entsprechende Um- und Beschreibungen, in Homers *Odyssee*. Die bekannte Episode auf der Insel des Polyphem, Poseidons Sohn, enthält einen sechsfachen kannibalischen Akt durch den menschenähnlichen Kyklopen.[30] Wenig später

---

28 *Anthropophagie* und *Kannibalismus* werden in dieser Arbeit synonym verwendet. Den Differenzierungen von Fulda wird nicht gefolgt, da sie außerhalb der streng literarischen Analyse des Themas wenig sinnvoll erscheinen. „Was die verschiedenen Formen der Anthropophagie angeht, bezieht ›Kannibalismus‹ sich auf ›wilden‹ Völkern zugeschriebene Essenspraktiken, während Anthropophagie darüber hinaus nicht kulturell eingeübte Formen von Menschenfresserei wie Hungeranthropophagie, unwissentlich oder im Rausch verübte Anthropophagie u. ä. bezeichnet." Vgl. Fulda (2001), S. 8, speziell Anm. 3. Diese Differenzierung geht Moser zu Folge auf Peter Hulme (1986) zurück, vgl. Moser (2005), S. 8f. Anm. 4. Jedoch auch Moser bezeichnet diese strenge Unterscheidung als unnötig.

29 Explizit sei darauf verwiesen, dass die griechische Götterwelt Kannibalismus in vielfältiger Ausprägung kennt. Bereits die Entstehung des Menschen ist mit einem kannibalischen Akt unter den Göttern verknüpft. (Der Mensch entsteht aus der Asche der von Zeus getöteten Titanen. Ein Racheakt, da diese im Auftrag Heras den Zeus-Sohn Dionysos zerrissen und verschlungen haben.) Vgl. einführend Thomsen (2006), S. 54f. und a. a. O. weiterführende Literatur. Genannt sei ergänzend Hesiods *Theogonie*, welche eine Vielzahl kannibalischer Göttermythen enthält. Als weitere Quellen antiker Kannibalismusmotive führt Fulda die *Bakchen* des Euripides und auf römischer Seite die *Metamorphosen* des Ovid und Senecas *Thyestes* an, vgl. Fulda (2001), S. 7. Diese Aufzählung ist bei weitem nicht erschöpfend.

30 Vgl. Hom. Od. IX, 106-545. Baudy erkennt bereits hier neben dem Kannibalismus an den Grenzen des Bekannten auch das Kannibalen-Stigma innerhalb der eigenen Gesellschaft. Der abseits lebende Hirte wurde in der

gelangen die Reisenden auf die Insel der Laistrygonen, abermals ein Volk riesenhafter Menschen, die Odysseus und seiner Mannschaft nicht wohlgesonnen sind, sogleich einen der Seeleute auffressen und anschließend mit verheerenden Folgen die versprengte Flotte angreifen. Die Laistrygonen werfen wie Polyphem vor ihnen mit Felsen nach den Schiffen; im Gegensatz zum Kyklopen haben sie aber noch ihr Augenlicht. Lediglich eines von zwölf Schiffen übersteht den Angriff deshalb unbeschadet.[31] Auffallend ist, dass Homer keine zielorientierten Menschenjagden schildert, sondern Spezies, die sich bietende Gelegenheiten nutzen.[32]

Außerhalb des Götterkosmos und der Poesie ist die Anthropophagie den Griechen ebenfalls bekannt gewesen. Herodot, der berühmte griechische Historiker, berichtete diese während der Beschreibung der Sitten und Lebensweisen von Völkern und Stämmen im Osten, an den Grenzen der ihm bekannten Welt. So schildert er Endokannibalismus in Form des Ahnenverzehrs bei den Kallatiern[33] und Issedonen[34] sowie in der Variante des Krankenverzehrs beim Nomadenstamm der Padaier, die zudem auch als Omophagen umschrieben werden, was bedeutet, dass sie ihr Fleisch roh verzehren.[35] Die letzten Völker und somit auch die Grenze der bekannten Welt machte er hinter den Gebieten der Skythen und darüber hinaus hinter der großen Wüste aus.[36] Nach diesem menschenfressenden Volk erstreckt sich nur noch leere Ödnis. Zwei Dinge fallen hier auf: Zum einen ist den Griechen der anthropophage Akt auch jenseits ihrer Mythen- und Götterwelt bekannt und entspringt differenzierteren Antrieben als bloßer Rache, zum anderen liegt Herodots kannibalische Welt tief im Osten und so-

---

Antike als nomadischer Menschenfresser interpretiert. Polyphem ist hierfür lediglich mythische Metapher. Vgl. *Baudy, Gerhard*: Der kannibalische Hirte. Ein Topos der antiken Ethnographie in kulturanthropologischer Deutung. In: *Keck, Annette; Kording, Inka; Prochaska, Anja (Hrsg.)*: Verschlungene Grenzen. Anthropophagie in Literatur und Kulturwissenschaften, Tübingen 1999, S. 221-242.

31 Vgl. Hom. Od. X, 91-134.

32 Lebek spricht hier von okkasioneller exokannibalischer Androphagie, vgl. Lebek (2001), S. 69.

33 Vgl. Hdt. III, 38.

34 Vgl. Hdt. IV, 26.

35 Vgl. Hdt. III, 99.

36 Vgl. Hdt. IV, 18. Wörtlich: „Nördlich von ihnen [den Skythen] folgt eine große Wüste. Dann kommen die Androphagen, kein skythischer Stamm sondern ein eigenes Volk. Weiter nordwärts ist das Land völlig wüst, und es wohnt dort, soviel wir wissen, kein Volk mehr."

mit an den Grenzen der bekannten Erdteile. Auch auf dem afrikanischen Kontinent und im hohen Norden macht er, je weiter die beschriebenen Orte von der eigenen Zivilisation entfernt sind, mehr und mehr barbarische Sitten und Gebräuche aus.[37] Konzentrisch von Griechenland entfernt leben demnach stetig barbarischer anmutende Völker, die zum Ende hin in eine Fabelwelt übergehen. Ein derartig verstandenes, ethnozentrisches Weltbild mit einem funktionalisierten Kannibalismus-Stigma hatte über lange Zeit Bestand.[38]

2.2 Der Begriff *Kannibale*

Als Christoph Kolumbus nach über zwei Monaten auf See am 12. Oktober 1492 die Neue Welt betrat, waren es nur noch wenige Wochen, bis er ein Wort zu Papier bringen würde, welches wohl für alle Zeit Schrecken und Abscheu verbreiten wird: KANNIBALE. Dieses Wort belebt den schwerfälligen alten Begriff *Anthropophagie* neu, löst ihn aber auch populär ab. Es symbolisiert sowohl eine neue Sensation als auch Abscheulichkeit, trägt einen völlig neuen Horror in die Vorstellungswelt der Europäer und prägt die internationale Menschenfresser-Terminologie nachhaltig.[39]

Die ersten Kontakte mit den Indios verliefen friedlich. Tauschhandel und Kommunikationsversuche setzten ein und die umliegenden Inseln wurden erkundet. Dabei wurden Ureinwohner als Reiseführer mitgeführt, die Warnungen vor Inseln, auf denen Menschen verzehrt werden, ausgesprochen haben, oder besser: mimisch andeuteten. Sie beschrieben häufiger einen kannibalischen Stamm, den sie *Carib* nannten.[40] In Kombination mit der fehlerhaften Vorstellung, dass sich die neuen Inseln im Wirkungsbereich des asiatischen Großkhans befinden, dessen kannibalische Untertanen auf der Insel Caniba leben sollten, und einer eventuellen, darauf zurückführbaren phonetischen Fehlinterpretation durch Kolumbus, entstand der Begriff *Cannibales*.[41] Ko-

---

37 Vgl. Hdt, IV, 168-197 und knapp erläutert bei *Peter-Röcher, Heidi*: Mythos Menschenfresser. Ein Blick in die Kochtöpfe der Kannibalen, München 1998, S. 72f. Beispiele und weiterführende Literatur in erschöpfender Fülle u. a. bei Baudy (1999), S. 221-223.

38 Eine Aufzählung weiterer antiker Autorenbeispiele, die den Ethnozentrismus begründeten, findet sich u. a. bei Peter-Röcher (1998), S. 73-76.

39 Vgl. Lebek (2001), S. 55f.

40 Den Begriff ergänzten die Spanier im Nachhinein durch die ihrer Sprache entlehnte Pluralendung *-es*. Vgl. Lebek (2001), S. 86.

41 Am 23. November 1492 brachte Kolumbus den Begriff *Cannibales* zu Papier, vgl. Lebek (2001), S. 74. Er glaubte aber zuerst eher an eine Art Sklaven-

lumbus war schließlich der festen Überzeugung, dass er auf den Asien vorgelagerten Inseln angelangt sei, und mit dem Wissen um Marco Polos Reiseberichte, der bereits von hundsköpfigen Menschenfressern in Asien berichtete,[42] erwartete er die Einflusssphären des Khans in unmittelbarer Nähe. Die Beschreibungen der Indianer waren jedoch nur das erste Indiz. Weitere wurden an Kolumbus herangetragen,[43] die in ihrer Fülle das Bild eines Stammes zeichneten, der nur aus anthropophagen Beweggründen heraus Kriege und Beutezüge gegen andere Stämme führte.

2.3 Mediale Rezeption des kannibalischen Wilden seit der Entdeckung der Neuen Welt

Obwohl sich die Existenz des wilden Kannibalen wohl bis heute nicht gesichert nachweisen lässt, ist eines dennoch ganz sicher: Die Sensation des Kannibalismus und der Glaube an ihn war real. Mit den Entdeckungs- und Eroberungsreisen nach Amerika setzte auch eine rege Nachfrage nach Erlebnisberichten vom neuen Kontinent ein. Die Europäer verschlangen geradezu jede Information und jedes Detail und verlangten immer neue Mitteilungen. Fremde Völker, im Urwald ver-

---

händlerstamm im Auftrag des Großen Khan und tat die Vermutung der Indios, dass die entführten Insulaner verzehrt würden, als ein primitives Hirngespinst ab, vgl. ebd., S. 75. Dazu auch a. a. O. Kolumbus' Bordbucheintrag vom 11. Dezember 1492.

42 Vgl. u.a. *Frank, Erwin*: »Sie fressen Menschen, wie ihr scheußliches Aussehen beweist…«. Kritische Überlegungen zu Zeugen und Quellen der Menschenfresserei. In: *Duerr, Hans Peter (Hrsg.)*: Authentizität und Betrug in der Ethnologie, Frankfurt am Main 1987, S. 199-224, hier S. 208.

43 Kolumbus gelangte in den Besitz von ungewöhnlich langen Pfeilen, die seiner Meinung nach – mangels großer Säugetiere auf den Inseln – nur zu kriegerischen Zwecken und hier speziell zum Jagen von Menschen gedient haben können. Die ihn begleitenden Indios waren nicht waffenkundig, darum wurde die Jagd mit Pfeil und Bogen den *Cannibales* zugeschrieben, vgl. Lebek (2001), S. 76ff. Als weitere Indizien kommen Indianer mit tiefen Fleischwunden/Bissspuren hinzu. Das kannibalische Aktionszentrum der Kariben lag aber offenbar im Bereich um Guadeloupe und reichte von dort bis Haiti, also von Kolumbus' erster Landung „(…) auf der Bahamas-Insel Guanahaní (traditionell: San Salvador) (…)" zu weit entfernt (ebd., S. 107), als dass mehr als Indiziensammlungen zur Anthropophagie möglich gewesen wären. Entsprechend ist die Feststellung Lebeks, dass bei Fehlinformationen der Vorwurf der vermittelten Vorurteile den Indios gemacht werden müsste und nicht Kolumbus, durchaus anmerkenswert, vgl. ebd., S. 108. Nachrückende Entdecker und Konquistadoren drangen wesentlich tiefer in die Stammesgebiete und fanden dennoch nur Indizien.

borgene Hochkulturen (Maya, Inka, Azteken), exotische Dschungel, primitive Dörfer, natürliche Nacktheit der Eingeborenen, Abenteuer und Gefahren, Reisen in die entlegensten Winkel der Erde und Kannibalismus - diese Welt bot ausreichend Potenzial für Verkaufsschlager.[44]

Suggestiv bebildert wurden die plötzlich zu Hunderten auf den europäischen Markt dringenden Berichte zusätzlich visuell vermittelt und so auch zum indoktrinierenden Informationsträger. Denn der reißende Absatz von exotischen Erzählungen und den beinhaltenden Illustrationen formte die Vorstellungen von dieser Welt so detailliert und vermeintlich authentisch, dass sie bis heute erhalten blieben. Allen voran sei hier auf Theodor de Bry verwiesen, dessen reichhaltige Illustrationen zum einen die Vorstellung vom nativen Kannibalen bildlich manifestierten, zum anderen aber auch nachweisbar, wie es im Folgenden mehrmals geschehen wird, bis heute aufgenommen und rezipiert werden.

Als erfolgreicher protestantischer Verleger in Frankfurt am Main hatte de Bry eine tragende und höchst einflussreiche Rolle inne, da er seit 1590 mehrere auflagenstarke Bände zur Eroberungsgeschichte Amerikas verbreitete. Primär befriedigten seine Ausgaben die Sensationsgier der Zuhausegebliebenen. Auf der einen Seite findet sich eine reichhaltige, propagandistische Bebilderung, die die Spanier als unterdrückende und gewaltsame Großmacht zeigen, welche in den neuen Ländern bestialisch wütet. Diese bildete eine kollektive Vorstellung vom spanischen Umgang mit Eingeborenen heraus und schürte Abneigung gegen die katholischen Eroberer der Neuen Welt. Auf der anderen Seite finden sich aber auch ebenso detailliert bebilderte Reiseberichte sowie Erörterungen und auch kritische Stimmen zum Streben nach Kolonialismus, was durch die Beleuchtung vieler Seiten ein hohes Maß an Authentizität suggerierte. Das Publikum muss immens gewesen sein, da die Werke sowohl in Deutsch als auch in Latein verfasst waren. Die Bilder erreichten weiterhin auch jene Interessenten, die des Lesens nicht mächtig waren. Exotische Nacktheit und Gewalt verkaufte sich offenbar gut.

So formten die Berichte und aufwändigen Bebilderungen der europäischen Verleger das Bild der Neuen Welt, sowohl von den nackten

---

44 Bezeichnend ist hierbei, dass die Differenzierungen innerhalb der Indianer polar waren. Es stand der sanfte, im Naturzustand lebende Eingeborene gegen den kriegerischen Kannibalen. Den großen Marktanteil hatten natürlich die Letzteren, vgl. *Menninger, Annerose*: Die Macht der Augenzeugen. Neue Welt und Kannibalen-Mythos, 1492-1600, Stuttgart 1995, S. 157.

Kannibalen als auch von der gewaltsamen Eroberung.[45] Es ist somit nicht verwunderlich, dass die durch die bildende Kunst vermittelte Allegorie Amerikas das Motiv des Kannibalismus ebenfalls aufnahm, schließlich fasste Europa so die Neue Welt auf. Eine nackte Kannibalin, mit Federn geschmückt und mit Pfeil und Bogen bewaffnet, wurde die symbolische Vertretung Amerikas.[46] Der wilde Kannibale schrieb sich somit durch immer neue Rezeption ins kulturelle Gedächtnis Europas. Auch außerhalb von Reiseberichten und anthropologischen Studien fand er seinen Platz in der Kunst,[47] der Literatur[48] und auf der Bühne.[49] Der Kannibalen-Topos ist folglich von vornherein als intramediales Phänomen zu kennzeichnen.

---

45 Vgl. u.a. *Wehrheim, Monika*: Ein Bote des Lichts im Reich der Finsternis: Kolumbus in Ridley Scotts *1492 - The Conquest of Paradise*. In: *Fendler, Ute; Wehrheim, Monika (Hrsg.)*: Entdeckung, Eroberung, Inszenierung. Filmische Versionen der Kolonialgeschichte Lateinamerikas und Afrikas, München 2007, S. 3-25, hier S. 8. Die Analyse der Illustrationen zu nativen Kannibalen durch Bernadette Bucher (mithilfe von Kategorisierungen durch Lévi-Strauss) ergab, dass „(...) diese Bilder weit mehr über die Bewusstseinslage jener europäischen Illustratoren und ihres Publikums aus[sagen] als über die wirklichen Gebräuche der Indianer, mit denen sie nur noch entfernt zu tun haben." Thomsen (2006), S. 159. Vgl. auch die erhellenden Analysen im Detail bei *Bucher, Bernadette*: Die Phantasien der Eroberer. Zur graphischen Repräsentation des Kannibalismus in de Brys *America*. In: *Kohl, Karl-Heinz (Hrsg.)*: Mythen der Neuen Welt. Zur Entdeckungsgeschichte Lateinamerikas (Katalog), Berlin 1982, S. 75-91.

46 Vgl. Menninger (1995), S. 160ff.

47 Vgl. ausführlich und mit weiterführender Literatur bei Thomsen (2006), S. 319-352.

48 Vgl. Anm. 16 mit entsprechenden Erörterungen und Analysen in weiterführender Literatur a. a. O.

49 So nahm auch das Theater die Bilder auf und thematisierte sie in poetischer Überspitzung. Beispielsweise findet sich in Shakespeares *Othello* Kannibalismus, da der titelgebende Held in Gefangenschaft von Menschenfressern war, vgl. *Windisch, Martin*: Inszenierte Anthropophagie auf der Bühne der Shakespeare-Zeit. In: *Keck, Annette; Kording, Inka; Prochaska, Anja (Hrsg.)*: Verschlungene Grenzen. Anthropophagie in Literatur und Kulturwissenschaften, Tübingen 1999, S. 67-86, hier S. 68f. Der gesamte Aufsatz listet und analysiert weitere Beispiele. Ergänzt sei hier zusätzlich William Shakespeares *Der Sturm*, der den kannibalischen Wilden in der Figur des Caliban manifestiert, vgl. Thomsen (2006), S. 162-165. Weitere Beispiele werden nachfolgend noch angesprochen.

2.4 Der Kannibalismus-Diskurs und die Funktionen des Kannibalen-Stigmas

Wo die Welt des Aberglaubens und der Mythen, Legenden und Fantastereien heute als eine ebensolche enttarnt ist, fällt der Verzicht auf den Glauben an Kannibalen offenbar schwer. Allerdings kann auch die tatsächliche Existenz nicht belegt werden. Dennoch wurde diese auf Basis der Fülle von Reiseberichten als Fakt angenommen. Erwin Frank weist - allerdings etwas populistisch - darauf hin, dass eine Vielzahl im Detail unsinniger Berichte akzeptiert wird, da „wir" den Wilden ungerechtfertigt derartiges zutrauen. Er verweist hier auch auf Vertreter aus der Ethnologie, die den Kannibalismus als belegten Fakt betrachten und entsprechend in allen Facetten untersuchen, ohne im Voraus nach der Authentizität der Quellen zu fragen.[50] Erstmals stieß Ende der siebziger Jahre der Anthropologe William Arens die Tür zu einer kontroversen Diskussion auf, die bis heute anhält. Er formulierte die These, dass ritueller Kannibalismus unglaubwürdig sei, da sein „Beweis" auf Indizien ohne tatsächliche Augenzeugenschaft beruhe. Eines der Hauptargumente ist hier, dass die der Antike entlehnte Vorstellung von Menschenfressern und Monstren an den Rändern der Welt auf die neu entdeckten Völker projiziert wurde,[51] und so forderte er die kritische Analyse der Quellen und ihrer Aussagen.[52] Für den deutschsprachigen Raum seien als Vertreter dieser kritischen Kannibalismus-Auffassung Erwin Frank, Heidi Peter-Röcher und Annerose Menninger genannt.

Natürlich ist ein elementarer Fakt, der aus einem ethnozentrischen Weltverständnis heraus entwickelt wurde, kaum von der Hand zu weisen, nämlich dass sich ein Bündel von perspektivisch begründbaren Gegensatzpaaren durch die Beschreibungen anderer Völker zu jeder Zeit in der Berichterstattung findet: Kultur/Unkultur, zivilisiert/wild, gebildet/primitiv, Esskultur/Menschenfresserei, final doch schlicht: weiß/schwarz. Dies ist eine Spur, die sich bis in die europäische Antike zurückverfolgen lässt. Darum mahnen die Kritiker des Kannibalen-Mythos zur Vorsicht gegenüber Berichten von Menschen, die

---

50 Vgl. Frank (1987), S. 210.

51 Eine vertiefende Analyse der Argumente von Arens findet sich u. a. bei Moser (2005), S. 23-35.

52 Provozierend ergänzte er auf der „Weltkarte des Kannibalismus" Europa, da auch Hungerkannibalismus Kannibalismus ist, vgl. *Menninger, Annerose*: Wie die alte Welt in die Neue kam. Zur Rekonstruktion der Kannibalenkonzepte in den frühesten Reiseberichten über Amerika. In: Geschichte in Wissenschaft und Unterricht (GWU) 2/2007 (Jg. 58), S. 90-104, hier S. 90.

diese Völker unterjochten, versklavten und ermordeten. Das Stigma diente hier zur Rechtfertigung von Eroberung und Zwangschristianisierung.[53] Deshalb stützen sich die Kritiker auf die Indizien für eine absichtlich verfälschende, europäisch-ethnozentrische Perspektive und entsprechende Widersprüchlichkeiten in den Quellen.[54] Die Notwendigkeit eines Kannibalen in der Neuen Welt wird unter anderem damit begründet, dass die spanische Krone die Versklavung der Indianervölker verbot und lediglich die Kannibalen eine Ausnahme bildeten.[55] Somit liegt die Aufrechterhaltung und Verbreitung des Mythos in kolonialistischen Bestrebungen und Profitsucht begründet.

Als weiteres Argument im Diskurs steht die weitverbreitete Annahme, dass die Vorstellung von Kannibalismus an der Peripherie der Welt seit der europäischen Antike vorgeprägt sei und darum bei der Entdeckung der Neuen Welt entsprechende Bestätigungen gesucht worden wären. Demnach läge die Vermutung nahe, dass jedes Indiz und jede Andeutung seitens der Ureinwohner im Nachhinein auch als Augenzeugenbericht ausgelegt worden sein könnte. Erweiternd tritt die von

---

53 Vgl. Frank (1987), S. 206. Erhellend auch die Beschreibung des Wahrnehmungswechsels vom nativen Ureinwohner durch Kolumbus, als kolonialistische Bestrebungen den Entdeckerdrang überwogen, bei *Bitterli, Urs*: Kolumbus und die „Wilden". In: GWU 1/1993 (Jg. 44), S. 19-28, hier S. 23ff. Wehrheim zufolge geht in diesem Zusammenhang die Bezeichnung „Herodotscher Diskurs" für das Umschlagen einerseits und die Annahme des Kannibalen im Fremden andererseits auf Peter Hulme zurück, vgl. Wehrheim (2007), S. 17.

54 Exemplarisch sei hier ein interessanter Verweis im Bezug auf Berichte von Stämmen, die Gefangene kastrieren, damit die anschließende Mast besser anschlägt (Berichte von derartigen Praktiken gibt es laut Frank von mindestens drei verschiedenen Kontinenten), genannt. Diese aus der Viehzucht bekannte Maßnahme wird von Stämmen betrieben, die Viehzucht angeblich nicht kennen, im Gegensatz zu den Verfassern dieser Berichte, vgl. Frank (1987), S. 211. Auch findet es Frank merkwürdig, dass sich nie jemand an einem doch so grundlegenden Kuriosum stößt, wie dem nachfolgend genannten: „(...) Alten-, Kranken- und Kindstötungen etwa, rituelle Menschenopfer, Beschneidung, Vielweiberei und ›Sodomie‹, Götzendienerei und Zauberei (...)" (ebd., S. 201f.) hielten sich trotz hartnäckiger missionarischer Bekämpfung lange im traditionellen Korpus der Ureinwohner, ganz gleich in welchem Land. Der Kannibalismus hingegen ist oftmals rasch verschwunden oder wurde bereits vor der endgültigen Unterwerfung durch die Eroberer aufgegeben, vgl. weiterführend ebd., S. 202.

55 Dieser Hinweis findet sich unter anderem ebd., S. 207.

Arens angeführte und von Menninger[56] und Peter-Röcher[57] intensiv beleuchtete These des „Wandermythos“ hinzu, welche sich im Kern auf den Fakt stützt, dass die Wahrnehmung von Kannibalen immer dort hervortritt, wo zum einen Gefahren und zum anderen auch Profite erahnt werden. So lässt sich eine Bewegung und Translation des Stigmas ausgehend von Herodot über die Karibik und Brasilien[58] nach Afrika und schlussendlich nach Papua-Neuguinea und auf die Fidschi-Inseln feststellen. Bode verweist auf Arens, „(...) der auf den merkwürdigen Umstand hinweist, daß die Weltgegenden, für die jeweils (sukzessive) Kannibalismus behauptet wurde (...) identisch sind mit den Gegenden, in denen der Kolonialismus die Auseinandersetzung mit den noch nicht Unterworfenen aktuell führte (...).“[59] Der Wandermythos tritt zusätzlich auch dadurch hervor, dass viele unterschiedliche Schilderungen vieler unterschiedlicher Stämme identische Riten beschreiben. Kritiker des Kannibalen-Topos sehen darin eine Zirkulation der immer gleichen Geschichte. Es handelt sich demnach um ein profitorientiert-funktionalisiertes Stigma auf Basis antiker Mythen.

In der Kritik stehen nahezu alle Überlieferungen, Berichte und Chroniken, sämtliche Briefwechsel und ethnologischen Beschreibungen. Beispielsweise gilt der 1557 veröffentlichte Bericht Hans Stadens über seine Gefangenschaft bei Tupinambá-Indianern unter dem Titel *Wahrhafftige Historie der wilden, nackten grimmigen Menschenfresser-Leute* für die einen als ausnahmslos authentisch, da Staden darin die Anthropophagie eher nüchtern als propagandistisch betrachtete.[60] Staden beo-

56 *Menninger, Annerose*: Die Kannibalen Amerikas und die Phantasien der Eroberer. Zum Problem der Wirklichkeitswahrnehmung außereuropäischer Kulturen durch europäische Reisende in der frühen Neuzeit. In: *Röckelein, Hedwig (Hrsg.)*: Kannibalismus und europäische Kultur, Tübingen 1996, S. 115-141, hier S. 126ff.

57 Peter-Röcher (1998), speziell S. 132-153.

58 Für den Bereich der Westindischen Inseln und Brasilien vgl. ausführlich Menninger (1995), S. 257-273.

59 *Bode, Christoph*: »Distasteful Customs«. Richard F. Burton über den Kannibalismus der Fan. In: *Fulda, Daniel; Pape, Walter (Hrsg.)*: Das Andere Essen. Kannibalismus als Motiv und Metapher in der Literatur, Freiburg im Breisgau 2001, S. 147-168, hier S. 158, Anm. 16.

60 Vgl. Lustig, Wolf: A Junesche been ermi uramme: die filmische Umsetzung von Hans Stadens Wahrhaftige[r] Historie der wilden, nackten grimmigen Menschenfresser-Leute als ‚Re-Tupierung‘ der europäisch-brasilianischen Begegnung. In: Fendler, Ute; Wehrheim, Monika (Hrsg.): Entdeckung, Eroberung, Inszenierung. Filmische Versionen der Kolonialgeschichte Lateinamerikas und Afrikas, München 2007, S. 77-100, hier S. 79.

bachtete und schrieb aus der Perspektive von unten, denn er war Gefangener, nicht Eroberer.[61] Seine „(...) Chronik wurde als eine der objektivsten und realistischsten Darstellungen nicht nur der rituellen Anthropophagie sondern der Tupi(namba)-Kultur überhaupt und außerdem als eines der wenigen authentischen Sprachdokumente (...)"[62] verstanden. Andere hingegen sehen die spätere, profitorientierte Vermarktung als Indiz für einen hohen Anteil fantastischer Einflüsse.[63] Die Zusammenarbeit mit Gelehrten zur Ausformulierung des Textes sowie die überraschend reichhaltige Bebilderung werden hierfür als Belege angesehen. So lässt sich konstatieren, dass nebst der massiven Kritik an unreflektierter Übernahme des Kannibalen-Mythos auch die Existenz von rituellem und alltäglichem Kannibalismus in der Karibik und in Südamerika angezweifelt wird.[64] Andere Kritiker weisen jegliche Form, bis auf den Hungerkannibalismus in extremen Notsituationen, der Fantasiewelt zu. Zuletzt sei darauf verwiesen, dass als Hinweis für eine offenbar urmenschliche Wahrnehmung von Kannibalismus im Anderen, der die Häufigkeit des Auftretens und die dankbare Annahme durch das Publikum erklären könnte, von den Kritikern gelegentlich ein Perspektivwechsel vorgeschlagen wird, vom europäischen Blick auf die Fremden hin zum Blick der Anderen auf die Europäer. Dieser offenbart, dass auch „die Anderen" sich die Christen als Menschenfresser vorstellten. Kreuzritter aus der Perspektive des Morgenlandes und Sklavenjäger aus der Perspektive der afrikanischen Völker sind hier ebenfalls als Indizien für deren Gier nach Menschenfleisch gedeutet. Anders war die hartnäckige Häufigkeit der Angriffe gar nicht zu erklären.[65]

---

61 Vgl. ebd., S. 80.

62 Ebd., S. 86.

63 Hier speziell Menninger (1995), S. 68-73. Im Vergleich mit älteren Reiseberichten fallen Menninger deutliche Parallelen in Stadens Chronik auf, die nicht mehr als ein konstruierter Bestseller sei, der die Wünsche des Zeitgeistes bedient hätte. Ausführlich ebd., S. 165-190.

64 Hier ist der erste Satz in der Dissertation Menningers bezeichnend: „Als ich das Thema der vorliegenden Untersuchung in Angriff nahm, habe ich nicht damit gerechnet, jemals die Existenz von Kannibalen der Westindischen Inseln und Südamerikas anzweifeln zu müssen." Ebd., Vorwort (S. 3, nicht nummeriert).

65 Vgl. Frank (1987), S. 203. Auch bei Thomsen (2006), S. 50f., findet sich dieser Hinweis.

Zur Illustration der Gegenseite sei hier knapp Lebek angeführt, der jüngst schlüssig auf Basis einer neuen Quelleninterpretation[66] im Bezug auf Kolumbus die Kritiker zu widerlegen versuchte und mit seinem umfangreichen Aufsatz ein anschauliches Bündel an Argumenten zusammenstellte: Ein Stamm, der zum Zwecke des Verzehrs auf Menschen Jagd macht, war in Europa zu keiner Zeit bekannt gewesen.[67] Wenn diese Feststellung die These, dass Kolumbus kannibalische Legenden schon aus Europa mitbrachte, auch nicht völlig entkräften kann, so muss sie doch ergänzend angebracht werden. Was vorgefunden und berichtet wurde, war definitiv ein Novum. Hervorgehoben sei aber auch, dass lediglich die Berichte des Kolumbus neu und einmalig gewesen sind. Die ihm nachfolgenden Reisenden sind hingegen zwangsläufig durch ebendiese vorgeprägt gewesen. Umso leichter dürfte ihnen die Deutung eines kannibalischen Stammes anhand von Indizien gefallen sein.

Ausführlich tritt Lebek auch der Vorurteilshypothese entgegen, nach der Kolumbus in der Neuen Welt vorfand, was er vorzufinden erwartete. Denn die antiken Berichte von Anthropophagie, die von mittelalterlichen Gelehrten ausführlich reflektiert und analysiert wurden, sind hier bereits dem Mythos und der Fantasie zugerechnet worden. Die *Odyssee* wurde sogar schon von römisch-antiken Zeitgenossen als Legende angesehen, was im späten Mittelalter nicht anders gewesen sein dürfte.[68] Dies entkräftet zumindest die Berufung auf eindeutige Parallelen zwischen der Entdeckung der Neuen Welt und den Irrfahrten des Odysseus, welche von der Forschung bereits aufgedeckt worden sind.[69] Demzufolge ist die Vorstellung vom wilden Kannibalen

66 Problematiken bei den vorliegenden Übersetzungen des Bordbuches von Kolumbus, aus denen einige Kritikpunkte im Diskurs auf Basis verfälschter Deutungen hervorgehen, finden sich bei Lebek vielfältig aufgeführt. Er begann seine quellenkritische Untersuchung darum am Ursprung. Vgl. für eine detaillierte Aufschlüsselung Lebek (2001), S. 63ff., speziell auch Anm. 21, und ebd., S. 65.

67 Vgl. ebd., S. 101f. Was dem spätmittelalterlichen Menschen und vor ihm schon den antiken Gesellschaften ebenfalls völlig fremd war, war eine Welt auf steinzeitlichem Niveau, in der Männer wie Frauen Zeit ihres Lebens nackt waren. Nie zuvor war ein vollkommen abgeschottetes Volk entdeckt worden. Das europäische Publikum war wohl darum auch eher von nativer Nacktheit fasziniert als von Kannibalismus, vgl. ebd., S. 56f.

68 Vgl. Lebek (2001), S. 110, hier speziell die Verweise auf Juvenal in Anm. 74.

69 Vgl. ebd., S. 67. Menninger hält hier neben den Parallelen antiker Mythologie aber auch die kollektive Furcht vor Kannibalismus innerhalb des mittelalterlichen Europas entgegen, der durch Hexen, Ketzer, Juden und Katharer verübt worden sein soll, vgl. Menninger (2007), S. 92f.

nicht von der Antike geprägt, sondern viel eher holte erst die Indizien gestützte Entdeckung der karibischen Kannibalen die antiken Variationen wieder ins europäische Gedächtnis zurück.[70]

Nach seiner detaillierten Analyse des Bordbuches konstatiert Lebek abschließend die Probabilität des Kariben-Kannibalismus.[71] Er beschreibt die Kariben als nomadischen Stamm, der, den Wikingern gleich, auf die karibischen Inseln kam und durch bemerkenswerte nautische Fähigkeiten und Jagdtaktiken gefährlicher war als die anderen Stämme. Der Mangel an größeren Säugetieren auf den Inseln wurde bei einigen Stämmen durch Hinwendung zum Vegetarismus deutlich, bei den Kariben durch den Kannibalismus. Sie verschmähten aber das Fleisch von Frauen und hielten diese eher als Dienerinnen. Verzehrt wurde nur Kinder- und Männerfleisch. Dem ostentativ aggressiven Kannibalismus der Kariben bescheinigt Lebek eine gewisse abschreckende Wirkung, die bewusst erzeugt wurde.[72] In diesem Kontext ist eine weitere Überlegung durchaus spannend: Lebek verweist auf Vermutungen, dass die von Kolumbus mitgeführten Indios den Spaniern die Inseln der Kariben zeigten, um die Entdecker bei sich zu behalten.[73] Wechselt man die Perspektive zu den Kariben ist der zur Schau getragene Kannibalismus in aggressiv geführten Schlachten plötzlich eine Form der Abschreckung, eine kriegerische Handlung, die nur einen Zweck verfolgt, nämlich das Fernhalten der Feinde von den eigenen Siedlungsgebieten. Für einen kannibalischen Alltag oder eine Ernährungsweise, die auf regelmäßigem Menschenfleischkonsum basiert, gibt es schließlich keine Beweise. Was wäre also, wenn okkasionell und demonstrativ vollzogene exokannibalische Androphagie nur eine Form von Verteidigung oder auch psychologischer Kriegsführung gewesen ist, wenn sich die Kariben der abschreckenden und furchteinflößenden Wirkung von Kannibalismus bewusst waren und diesen absichtlich in Schlachten zur Schau stellten, ohne aber im Alltag dieser Ernährungsweise nachzugehen? Kannibalismus hätte in diesem Fall die Funktion der Reinhaltung des Stammeskorpus vor schädlichen Einflüssen, aber viel eher wäre er auch eine Form präventiver Schutzmaßnahme. Anthropophagie wäre unter diesem Gesichtspunkt immer noch existent, sie wäre aber auch entzaubert.

---

70 Vgl. Lebek (2001), S. 110f.

71 Vgl. ebd., S. 90.

72 Vgl. ebd., S. 59ff.

73 Vgl. ebd., S. 72.

Dieser kurze Abriss illustriert bereits, dass der Kannibalismus-Diskurs eine nicht enden wollende Debatte zu sein scheint. Vor allem illustriert er aber, zumindest hierin finden sich die häufigsten Übereinstimmungen, dass die Entdeckung und Beschreibung Amerikas eine elementare Zäsur war, die bis heute nachwirkt. Die Übernahme des Begriffs *Kannibale* in den europäischen Sprachgebrauch, der auch eine lebhafte Vorstellung vom kannibalischen Akt per se mit sich brachte, prägte die Gedankenwelt nachhaltig. Diesem Ereignis liegt jeder Bericht, jedes Märchen, jede Fantasie zu Grunde, deren Kenntnis unsere Vorstellung vom anthropophagen Wilden nachhaltig fortschrieb.

Abschließend sei auf Daniel Fulda verwiesen, der anmerkt, dass ein Rehabilitierungsgedanke der stigmatisierten Urvölker innerhalb des Diskurses auch die Gefahr birgt, dass dem „postkolonialen Engagement gegen Eurozentrismus" ein Widerspruch innewohne: „Anthropophagie als ›andere‹ Praxis zu negieren heißt, Differenzen nicht zuzulassen."[74] Demzufolge würde damit auch eine Aberkennung eines eigenständigen kulturellen Hintergrundes einhergehen, was wiederum der ethnozentrischen Basis des Kannibalen-Stigmas entspricht. Auch Moser führt diesen Punkt gegen Arens an. Die Argumentationsgrundlage gegen die Akzeptanz von Kannibalismus sei hier die ebenfalls in ethnozentrischem Denken fußende Unterstellung, dass es eine universell gültige Wertordnung gäbe, die auch den Nativen den Verzehr von Menschen versagen müsste.[75]

Diese knapp umrissenen Grundzüge der Debatte sollen genügen, um die Fortschreibung obsoleter Topoi durch das Medium Film analysieren zu können.

74 Fulda (2001), S.12.

75 Vgl. Moser (2005), S.28.

3 Einführung in die kinematographische Rezeption und (Re-)Inszenierung

3.1 Kategorisierungen[76]

Um der kinematographischen Rezeption und (Re-)Inszenierung menschenfressender Eingeborener ein Gesicht und eine umfassende Struktur zu verleihen, soll mittels einer Kategorisierung vorgegangen werden. Mindestens sechs Variationen von unterschiedlichen, exotischen Kannibalen auf mehr oder weniger fiktionaler Basis lassen sich in der filmischen Reflektion und entsprechender Wahrnehmung durch den Rezipienten nachweisen. Alle sind gemäß den oben aufgeschlüsselten Differenzierungen freiwillig Menschenfresser und treten häufig in einem Kollektiv auf. Folglich sind alle hier vorgeschlagenen Kategorien notwendiger Weise von zivilisierten oder am Rande der Zivilisation hausenden Filmkannibalen abzugrenzen:

1. Das Freitag-Stereotyp, ein hauptsächlich durch *Robinson Crusoe* vermitteltes Bild des „edlen Wilden", der sich dadurch auszeichnet, dass er begrenzt zivilisierbar und christianisierbar ist. Diese stereotype Ausprägung zeigt die Bereitschaft, den Fortschritt und die Zivilisation anzuerkennen, auch unter Inkaufnahme aller Konsequenzen für die bisherigen Lebensgewohnheiten.
2. Eine vielseitige und individuelle Interpretation des wilden Menschenfressers auf fiktionaler Basis mit vereinzelter ethnologischer

76 Hier soll die Gelegenheit genutzt werden, den für diesen Untersuchungsgegenstand ungeeigneten und unzureichenden Kategorisierungsversuch des Kannibalenmotivs von Michaela Krützen zu umreißen: Sie differenziert in klassisches (Hollywood-)Kino und Produktionen außerhalb dieses *mainstream cinema*, vgl. Krützen (2001), S. 485. In Letzteren macht sie Kannibalen an drei Orten aus: „Im künstlerisch intendierten Autorenfilm, in Produktionen, die als camp gelten, und in einer Reihe von Slasher Movies." Ebd., S. 486. Dem stellt sie „das an Normen gebundene Klassische Kino" gegenüber. Hier treten zwei Varianten hervor: Die wilden Kannibalen und die, die innerhalb der Zivilisation leben, weil sie dort zu Menschenfressern geworden sind, wobei letztere Gruppe drei Unterkategorien aufweist: 1. Der Fleischgenuss geschieht unbewusst, ohne Kenntnis der Herkunft der Speise (S. 495f.) 2. Der Fleischgenuss passiert wissentlich, aber nicht zwingend freiwillig, aus einer Notlage heraus (S. 496). 3. Wissentlich und aus freien Stücken wird jemand zum Kannibalen, in dieser Form meist auch Hauptcharakter und Antagonist (S. 496).

Realitätsnähe; vermehrt im Abenteuerfilm zu finden und je nach Zweck auch kategorienübergreifend inszeniert.

3. Eine alberne, comichaft und komödiantisch/satirisch überspitzte Variante; im Folgenden Cartoon- und Comedy-Klischee oder auch Komödien-Kannibale.
4. Eine pseudo-dokumentarisch inszenierte Variante, die auf die Attraktionen von Nacktheit und Gewalt ausgerichtet ist.
5. Eine rohe, Bestien-ähnliche und vertierte Variante, die frei von nahezu jeder Kultur und in Kombination mit extremen Gewaltexzessen inszeniert wird.
6. Eine historisch fundierte, wenn auch nicht einwandfrei realistische Variante, zumeist basierend auf Reiseberichten und entsprechenden Interpretationen.

Von Überschneidungen und eventuellen Motivwechseln innerhalb einzelner Filme ist auszugehen, was eine strenge Trennung der Kategorien voneinander ausschließt. Dennoch soll anhand dieser Gruppierungen versucht werden, einen Blick auf die filmische Rezeption des wilden Menschenfressers zu werfen und so die grundlegenden Variationen und (Re-)Inszenierungen offenzulegen. Eine rassistische Komponente wird in ausnahmslos jeder Kategorie anzutreffen sein.

Die Besprechungen und Analysen exemplarischer Werke werden innerhalb des entworfenen Genre- und Kategoriengerüsts nicht zwingend chronologisch, sondern nach thematischer Notwendigkeit getätigt. Darüber hinaus wird eine chronologische Betrachtung der Filmgeschichte für wenig zweckmäßig gehalten, da diverse Motivvarianten des Kannibalen häufiger und genreübergreifend auftauchen und so unnötig große Sprünge innerhalb der Kategorien notwendig wären, was die Übersichtlichkeit nachteilig beeinflussen würde. Auch zwangsläufige Genresprünge wären der Struktur nicht dienlich. Zu ergänzen bleibt, dass es sich im Folgenden ausschließlich um Motivanalysen und selten um vollständige Filmanalysen handeln wird.

3.2 Kannibalismus in der Frühphase des Films

Im Film tritt der wilde Kannibale vielfältig und oft auf. Er ist dabei an kein Genre gebunden und findet sich sowohl im Trickfilm, in Komödien, Abenteuer- und auch Horrorfilmen jeglicher Couleur. Bereits zu Beginn der Ära *Film* hielt er Einzug in das Medium - sowohl als Exot[77] als auch in anderen, teils aus der Märchen- und Sagenwelt hervorgehenden Ausprägungen. Die Faszination „Kannibale" bekam offenbar durch die forcierten imperialistischen Bestrebungen der europäischen Großmächte zum Ende des 19. Jahrhunderts neuen Auftrieb. Eben in der Zeit, in der der Film, so wie wir ihn heute kennen, seinen großen Durchbruch feierte, sickerten aus den Kolonien neue Horrorgeschichten vom wilden Menschenfresser in die Gesellschaft ein. Statt reichhaltig illustrierter Reiseberichte in gedruckter Form dürstete es nun jedoch das Publikum nach Schauergeschichten, die vom neuen Medium vermittelt werden. Und so findet sich bald neben filmischen Berichten von Abenteuern und Expeditionen in den Kolonien, wie noch dargestellt werden wird, auch der fiktionale Aufgriff der Thematik in reichhaltiger Aufarbeitung.

So zeigt der französische Film IN THE BOGIE MAN'S CAVE (LA CUISINE DE L'OGRE, Frankreich 1908, Regie: Georges Méliès) beispielsweise einen Menschenfresser, der kein exotischer Wilder ist. Er ist ein Oger,[78] eine literarische Figur aus französischem Raum, die als menschenfressender Riese verstanden wird.[79] In dieser filmischen Vision des Kinomagiers Georges Méliès zeigt sich bereits eine riesige Pfanne als Symbol für beabsichtigten Verzehr permanent im Bild. In ähnlicher Funktion findet alsbald in vielen Filmen ein großer Kochtopf

77 Der wohl erste Film mit Kannibalenthematik überhaupt scheint BRINGING A FRIEND HOME FOR DINNER (BRINGING A FRIEND HOME FOR DINER, USA 1899, Produktionsfirma: American Mutoscope & Biograph) zu sein. Leider ist mehr als eine Inhaltsangabe zu diesem Film nicht verfügbar, vgl. für diese Krützen (2001), S. 483f. Brottman verweist für den ersten natürlichen Kannibalen auf die Komödie KING OF THE CANNIBAL ISLANDS (KING OF THE CANNIBAL ISLANDS, USA 1908, Regie: Walter McCutcheon), vgl. *Brottman, Mikita*: Meat Is Murder! An Illustrated Guide To Cannibal Culture, (2. Aufl.) London, New York 2001, S. 93.

78 Dieser „ogre" ist von heller Hautfarbe, groß und kräftig, bärtig, und trägt füllige, fein gearbeitete Kleidung, während er sich sein schauerliches Mahl bereitet (das Mahl ist ein kleiner Junge mit Zipfelmütze und seine Zubereitung ist zwar der Phantasie des Betrachters überlassen, in ihrer Andeutung aber doch bemerkenswert rabiat).

79 Vgl. Thomsen (2006), S. 45f.

drohende Präsenz. Der Topf auf einer Feuerstelle ist im Laufe der Zeit das primäre Signum des kannibalischen Mahls geworden.

In der als experimentell zu kennzeichnenden Frühphase der Stummfilmzeit sind Robinsonaden und Abenteuerfilme am häufigsten anzutreffen. Hinzu treten darauf basierende Komödien, die den exotischen Kannibalen in die zwanziger und dreißiger Jahre fortschreiben. Exemplarisch sei auf DER NAVIGATOR (THE NAVIGATOR, USA 1924, Regie: Buster Keaton, Donald Crisp) hingewiesen, in welchem die Kannibalen durch die Protagonisten schon von Weitem als solche erkannt werden (dadurch, dass sie auf einer Insel leben, schwarz und gewaltbereit sind). Sie zeigen sich hartnäckig und aggressiv, allerdings auch reichlich naiv. Final lassen sie sich mit Feuerwerkskörpern vertreiben und scheitern zusätzlich an den Errungenschaften der modernen Schifffahrt mit ihren Bollwerk-gleichen Dampfern.

Der Animationsfilm greift das Motiv ebenfalls auf und entwickelt es zu einer nahezu eigenständigen Kategorie weiter. Der Dokumentarfilm, in Erweiterung der beliebten Lichtbildvorträge, bedient sich der Motivstruktur als Attraktion. Zusätzlich tritt eine Art dokumentarisches Interesse an exotischer Nacktheit zu Tage. All dies wird andernorts noch ausführlich dargelegt werden, aber einen elementaren Aspekt umreißen diese wenigen Anspielungen bereits: Das Kannibalismus-Thema wurde im Medium Film sehr früh und facettenreich aufgegriffen. Somit lässt sich zumindest annehmen, dass aus Sicht der Produzenten ein großes Interesse des zahlenden Publikums an diesem Tabu vorausgesetzt wurde. Die Literaturgeschichte offenbart ähnliche Belange, waren doch Reiseberichte aus der Neuen Welt und veröffentlichte Briefe mit Beschreibungen von Anthropophagie sehr beliebt und in hoher Stückzahl und Auflage über lange Zeit hinweg stark nachgefragt. Diverse Abenteuerromane ergänzten später mit fiktiver Dramaturgie die Lust der Rezipienten nach Exotik und Grusel und blieben dem Motiv somit treu. Das Publikum bekam in der Frühphase des Kinos weiterhin, entsprechend einer profitorientierten Ausrichtung des Mediums Film, wonach es ihm seit der frühesten Reiseliteratur dürstete. Eine hohe Nachfrage wäre thesenartig auch mit dem Zeitgeist zu umschreiben, da die europäischen Mentalitäten im späten 19. und frühen 20. Jahrhundert schichtenübergreifend von sozialdarwinistischem Gedankengut und unbedingtem Imperialismusstreben bestimmt waren. Für rassistisch-verklärte Kannibalen-Stereotypen, exotisch idealisierte und paganistisch inszenierte Klischees fand sich hier über die bloße Faszination am bewegten Bild hinaus ein idealer Nährboden. Auch eine hieran anschließende Rückbesinnung auf den friedlich-nativen Urzustand menschlicher Soziologie, bedingt durch das Trauma des hochtechnisierten Ersten Weltkrieges, sorgte für rege Nachfrage. Gerade die 1920er-Jahre sind darum durch Exotik als Entertainment-Element geprägt. So findet hier auch der wilde Kannibale in seiner stereotypen Überspitzung seinen Platz und wird kontinuierlich reproduziert und rezipiert.

3.3 Erotische Sensationen

Das Interesse der Produzenten und später auch der Rezipienten am Kannibalismus, aber auch speziell am nativen Kannibalen, ist an zwei Punkten auch mit Hinblick auf eine erotische Ausrichtung fixierbar.[80] Zuerst kann eine psychologische Ebene eröffnet werden, denn die orale Einverleibung kann auch Ausdruck von Macht(-ausübung) und Überlegenheit sein. Eine Unterwerfungs- und Gefügigkeitskomponente kommt hier zum Tragen, die eine Form sexueller Fantasien darstellen kann. Im Akt des Verzehrs findet diese zum einen ihre Versinnbildlichung und zum anderen auch ihre extremste Form der Ausprägung.[81] Psychologische Komponenten bei der Betrachtung von Kannibalismus und auch damit einhergehender Fantasien sind folglich in einigen Fällen nicht zu unterschätzen.[82]

Als nächstes ist auch der Schauwert der Nacktheit des exotischen Ureinwohners zu beachten, der sich in seinem naturgebundenen Lebensraum unbekleidet und frei von Scham bewegt. Bereits in der Frühzeit des Films konnte so eine Form der Erotik einem großen Publikum zugänglich gemacht werden, welches ansonsten selbst ein gesellschaftliches Tabu erfuhr.

Die Übernahme des nackten Nativen als filmisches Motiv ist letztendlich auch auf kommerzielle Hoffnungen der Filmemacher in der Frühphase des Films zurückzuführen.[83] Um Nacktheit konsumierbar zu machen, bediente man sich zusätzlich diverser sensationeller Vorwände in Kombination mit moralischen Botschaften als Scheingrund.[84]

80 Dies gilt bereits für die Illustrationen de Brys. Vgl. entsprechende Hinweise bei Bucher (1982), S. 75f.

81 Diese sexuellen Elemente sind beispielsweise für den realen, aus der Zivilisation hervorgegangenen Kannibalen Armin Meiwes belegt, vgl. dazu ausführlich Riße (2007), S. 83-86.

82 Vgl. vertiefend Gerlach (1996), S. 207-232 und speziell S. 208-221.

83 So finden sich exotische Tänzerinnen bereits Ende des 19. Jahrhunderts im Film, vgl. *Keßler, Christian*: Die läufige Leinwand. Der amerikanische Hardcorefilm von 1970 bis 1985, Berlin 2011, S. 15.

84 Ebd., S. 15.

Während der Burlesk- und Nudistenfilm als Vorläufer erotischer Filme (in den Siebzigern bis zur Pornographie gesteigert) beim erwachsenen Publikum erst in den fünfziger Jahren Beliebtheit erlangte oder auch erst hier erlangen konnte, weil Nacktheit ohne explizite Sexualität nun gezeigt werden durfte,[85] galt dies für die dokumentarische Zugänglichkeit auf hüllenlose Naturvölker schon eher. Da aber die bloße Dokumentation von unentdeckten Stämmen keine langlebige Attraktion sein konnte, war schnell der Bedarf an aufsehenerregenden Rahmenthemen gegeben, um nebst Nacktheit auch mit Sensationen locken zu können. Vermeintlicher Kannibalismus wurde hier zum dokumentarischen Deckmantel.[86] Zum kommerziellen Erfolg der Nacktheit tritt schließlich die Attraktion durch Gewalt. Ursprünglich war die bloße Vorstellung vom Gewaltakt ausreichend, die Kombination der dezenten, sichtbaren Bilder mit der erzählenden, malerisch beschreibenden Stimme aus dem Off sorgte für ausreichend Fantasien jenseits des tatsächlich Dargestellten. Die Grenzen dieser Kombination werden jedoch seit den sechziger Jahren erst zögerlich, dann regelmäßig und drastisch ausgelotet.[87] Auch hier lieferte der Kannibale als filmisches Synonym animalischer Gewalt eine Vorlage. Dennoch wird diese Parallele erst später durch italienische Filmemacher in expliziter Drastik gezogen. Der amerikanische Film kombinierte Brutalität und Sex nämlich eher in der eigenen Gegenwart und Umwelt.[88]

---

85 Ebd., S. 16. Bezeichnend beispielsweise ist, für welchen Aufruhr, wie viel Protest und welch ungewöhnlich harte Zensurkampagne die tschechoslowakisch-österreichische Koproduktion SYMPHONIE DER LIEBE (EKSTASE, Tschechoslowakei/Österreich 1933, Regie: Gustav Machatý) in den 1930er-Jahren sorgte.

86 Ein Vorwand, der mit Einschränkungen auch im Spielfilm noch Geltung behalten sollte, obwohl der kannibalische Antagonist in Form einer aggressiven und räuberischen Gefahr (beispielsweise als Gegner des Comichelden Tarzan) meist männlichen Geschlechts ist und die Reize weiblicher Nacktheit somit ausgeklammert wären. In der Tat ist es auffallend, dass die Dörfer von Kannibalen im Spielfilm häufig frei von Frauen sind.

87 Als Vorreiter sei hier exemplarisch der US-amerikanische Regisseur Russ Meyer genannt, vgl. ebd., S. 16f.

88 So wurden häufig Befreiungsschläge der Frauen gegenüber den männlichen Domänen thematisiert, allerdings auch immer streng aus lüstern-maskuliner Perspektive. Hierfür sind speziell die Exploitationfilme zu nennen. Von Russ Meyer und anderen Vorreitern kann der Bogen weitläufig über das umfangreiche Frauengefängnis-Genre (sog. WIP-Filme, *women in prison*) bis hin zum *Rape and Revenge*-Subgenre geschlagen werden.

4 Der Kannibale in der Robinsonade

4.1 Fußspuren im nassen Sand

Man stelle sich vor, dass man seit mehreren Jahren als Schiffbrüchiger auf einer einsamen, karibischen Insel lebt. Man hat sich eingerichtet, das Überleben gesichert und seit geraumer Zeit hat sich Alltag und Routine eingestellt. Nach zwei Jahrzehnten (!) Isolierung fühlt man sich zwangsläufig sicher und als Herr der Insel. Bei einem Spaziergang wird eines Tages eine Fußspur im nassen Strandsand entdeckt, die, weil wesentlich größer, gewiss nicht die eigene ist.

Dieser eine Abdruck, so unscheinbar und nichtig er auf den ersten Eindruck für Außenstehende auch sein mag, beherbergt ein angsteinflößendes Element, einen Moment absoluten Grauens. Man ist nicht allein! Eine plötzliche und unvorhergesehene Wandlung des Schicksals sorgt für Unbehagen und Furcht vor dem Fremden gewinnt die Oberhand. Dieser entscheidende Punkt markiert die aufkeimende Angst vor dem Anderen. Da sich nun eine unbekannte Komponente auf der Insel befindet, ist auch die eigene Sicherheit ungewiss. Sie ist möglicherweise in Gefahr![89] Ein Schiffbruch auf einer unbewohnten Insel im Nirgendwo impliziert den Verlust sämtlicher Kontaktflächen und Rückzugsmöglichkeiten in die eigene, bekannte und als zivilisiert empfundene Welt. Man ist der Fremde schutzlos ausgeliefert und ist isoliert im Unbekannten. Gefahren überwiegen die möglichen Sicherheiten, sind vielfältig und drohen überall. Robinson hatte sich diese Insel im Laufe der Jahre zu Eigen gemacht. Sie wurde seine Ersatzheimat. Erst der Fußabdruck im nassen Sand riss ihn aus der Sicherheit und stürzte ihn in die gefährliche Fremde zurück. Ein unbedeutendes Detail für den einen, eine existentielle Katastrophe für Robinson.

---

89 Spannend ist, dass die erste Reaktion Robinsons auf den Fund nie aufkeimende Hoffnung auf baldige Rettung war. Es wird, sowohl im Roman, als auch in sämtlichen Verfilmungen, von der Schlechtigkeit des Fremden ausgegangen.

4.2 Die Ambivalenz des Kannibalen - die Ambivalenz des Zivilisierten

Daniel Defoes Abenteuerklassiker *Robinson Crusoe*, der 1719 zum ersten Mal veröffentlicht wurde, ist bis heute zahlreich uminterpretiert, neu aufgenommen und auch verfilmt worden und erfreut sich ungebrochener Beliebtheit.[90] Der Abenteuerroman per se und *Robinson Crusoe* im Speziellen erhielt als Fortführung der abenteuerlichen Reiseberichte das Motiv des wilden Kannibalen nicht nur aufrecht, sondern trug auch zu dessen überdauernder Popularität wesentlich bei. Für die hier vorgelegte Abhandlung sind das Werk und seine vielfältige filmische Adaption darum von elementarer Bedeutung, denn die Angst vor dem Verschlungenwerden ist hierin grundlegend vertreten und tradiert.[91] Aufgrund der Beliebtheit der Geschichte ist der Roman im

---

90 Eine literarische Verarbeitung wilder Kannibalen findet sich natürlich nicht nur in Defoes Robinson und entsprechenden Adaptionen. Ergänzend sei vor allem auch auf Johann Carl Wezels *Belphegor oder Die wahrscheinlichste Geschichte unter der Sonne* (1776) verwiesen, in welchem der titelgebende Belphegor gleich mehrmals in Gefangenschaft von Kannibalen gerät, vgl. *Arend, Stefanie*: ›Der wohlgefestigte Zustand des Fleisches‹. Epikureische Leibsicherheit im Spiegel der Kannibalen: Wezels *Belphegor* und *Robinson Krusoe*. In: *Fulda, Daniel; Pape, Walter (Hrsg.)*: Das Andere Essen. Kannibalismus als Motiv und Metapher in der Literatur, Freiburg im Breisgau 2001, S. 217-240. Zusätzlich sei auch Joseph Conrads *Herz der Finsternis* (1899) hervorgehoben, in welchem ausgehungerte Kannibalen die durch Zivilisation verseuchten Europäer verschmähen. Hierzu liegt (nebst der Interpretation in APOCALYPSE NOW (APOCALYPSE NOW, USA 1979, Regie: Francis Ford Coppola)) auch eine relativ werkgetreue TV-Verfilmung mit Tim Roth und John Malkovich vor: HERZ IN DER FINSTERNIS (HEART OF DARKNESS, USA 1994, Regie: Nicolas Roeg). Die Kannibalen sind eine stets am Ufer lauernde Bedrohung, die allerdings mit dem ansteigenden Wahnsinn der Europäer (mit tieferem Vordringen in den Dschungel) nicht konkurrieren können.

91 Die Kannibalismus-Thematik tritt allerdings nur als eine - wenn auch fundamentale - Metapher von vielen hervor. Die See als reißende Bestie, die Robinson nach dem Leben trachtet und ihn verschlingen will, sowie wilde Kreaturen auf dem afrikanischen Festland bekräftigen die Furcht, verschlungen zu werden. Als Klammer um das langjährige Inselabenteuer tauchen die Gefahren der Tierwelt auch auf der Heimreise nach York, beim überqueren der Pyrenäen, erneut auf, vgl. *Novak, Maximillian E.*: Fleischlose Freitage. Kannibalismus als Thema und Metapher in Defoes *Robinson Crusoe*. In: *Fulda, Daniel; Pape, Walter (Hrsg.)*: Das Andere Essen. Kannibalismus als Motiv und Metapher in der Literatur, Freiburg im Breisgau 2001, S. 197-216, hier S. 201ff. Robinsons Welt trachtet ihm überall nach dem Leben und macht seine Angst vor menschenreißenden Monstren immanent.

Bezug auf die motivische Narration des nativen Kannibalen als Bindeglied zwischen den Reiseberichten der Frühen Neuzeit und den ersten filmischen Rezeptionen zu werten.

Defoe behandelte auch außerhalb seiner Abenteuergeschichte eine ganze Palette kannibalischer Themen.[92] Hungerkannibalismus, in diversen Aufsätzen Defoes ein häufig anzutreffendes Thema, wird dabei als normativ menschliche Handlung im Angesicht großer Not und des drohenden Hungertodes betrachtet.[93] Am Hang zum Leben, völlig gleich durch welche Mittel dieses gewährleistet und erhalten bleibt, kann er nichts Anormales finden. Das Naturgesetz verlangt diese Handlung. Nach Novak scheint in Defoes Vorstellung der Gedanke immanent zu sein, dass sich der Charakter und die Natur eines Menschen erst in Extremsituationen offenbart, wodurch zumindest Hungeranthropophagie als dem Naturgesetz unterworfene Handlung in Not als menschlicher Akt belegt zu sein scheint.[94] Er ist also fern davon, den Kannibalismus gänzlich zu verteufeln, da er ihn angesichts des Hungertodes auch unter Europäern bestätigt sieht. Ritueller Kannibalismus unter Nativen ist hiervon allerdings strikt getrennt. Die bestialische Tragweite und Wahrnehmung dessen kann aber durch Kontrastierungen geschmälert werden und als Bestandteil von Kultur erscheinen und verstanden werden.[95] Im Vergleich zum kriegerischen Umgang der Europäer mit ihren Feinden wirkte nativer Kannibalismus als Akt der Kriegsführung (oder auch Beilegung eines Konflikts) weniger bestialisch. Im Krieg handelte nämlich auch ein zivilisierter Soldat wie ein Tier. Aber „[e]s war das psychologische Problem - die tief gefühlte Angst, verschlungen zu werden -, das überwunden wer-

---

Auf seiner Insel gestrandet, bleibt diese nur anfänglich bestehen, schwächt dann kontinuierlich ab. An ihre Stelle treten erst Jahre später – nach einer langen Zeit innerer Ruhe und Zufriedenheit – die Kannibalen. Sie sind menschliche Vertreter oder Inkarnationen reißender Bestien, die Robinsons Angst wieder aufkeimen lassen.

92 Allein die *Farther Adventures* sind voll von Überlegungen zu Ursachen und Ausprägungen von Anthropophagie, vgl. Novak (2001), S. 203ff.

93 Vgl. die schlüssige Argumentation bei Novak (2001), S. 200f.

94 Vgl. Novak (2001), S. 215f.

95 Defoe selbst ging davon aus, dass die Wahrnehmung von Kultur relativ ist und dass Anthropophagie folglich ein Bestandteil dieser sein kann. Eine Feststellung, die sich in der Mitte des siebzehnten Jahrhunderts festigte und thematisiert wurde, vgl. Novak (2001), S. 198.

den mußte, damit die Kannibalen etwas sympathischer dargestellt werden konnten, und dies blieb schwierig."[96]

Robinson bekommt die Chance, seine Angst zu überwinden und mit anschließend aufkeimender Freundschaft zum geretteten Ureinwohner eine Annäherung der Kulturen zu vollführen - seinem Lernvorgang ist somit die Rolle des belehrenden Vorbildes für den Leser eingeschrieben. Auch sein, der Rettungsaktion vorangestelltes, sittlich-moralisches Handeln belegt dies. Beispielsweise lenkt ein prägnanter Gedanke sein weiteres Handeln, nachdem Crusoe sich der gelegentlichen Anwesenheit von Kannibalen bewusst wurde: Der Angriff auf diese mit dem Ziel, möglichst viele von ihnen zu töten. Es folgen ausgedehnte Überlegungen über Sinn und Unsinn eines Angriffs bis hin zu Zweifeln an der Richtigkeit der Tat.[97] So Crusoe eine ungerechtfertigte Attacke auf die Kannibalen durchführen würde (gerechtfertigt wäre eine Gefahr für sein Leben), würde er zum „wissenden Wilden" werden.[98] Robinson ist dies bewusst. Überlegungen zum gerechten Krieg sind allerdings seiner literarisch erfassten Gegenwart nicht geläufig, erst in der Zeit der Niederschrift des Romans, im europäischen Absolutismus, werden der Krieg und seine gerechten Gründe ausdifferenziert betrachtet. So bleibt Robinson auch im Angesicht von Kannibalismus in unterschiedlicher Ausprägung stilisiert-moralisch integer.

Natürlich ist die Annäherung an Freitag aber auch höchst zwiespältig zu betrachten, denn zum einen ermöglicht die Bereitschaft zur Kontaktaufnahme nur eine verzweifelte Notsituation (fragwürdig, dass ähnliches Verhalten unter anderen Umständen eingetreten wäre), zum anderen geht sie nur glimpflich vonstatten, da Freitag sich widerspruchslos dem Kulturegoismus Robinsons beugt. Defoe zeigt hier einen Kannibalen, der sich dankbar und freiwillig in die Rolle des treuen und befreundeten Dieners fügt und der die Kulturüberlegenheit des Abendlandes ohne Widerstand anerkennt und annimmt sowie den Riten seines Stammes entsagt. Dem gefügigen Kannibalen steht eine

---

96 Ebd., S. 200. Der vergleichende Ansatz eventueller Barbareien innerhalb der gegenüberstehenden Kulturen findet sich schon vor Defoe bei Michel de Montaigne, vgl. Thomsen (2006), S. 161f. Die Dichotomie von Zivilisation und primitiver Barbarei wird somit aufgelöst, da das Eigene nicht unbedingt vorbildlicher ist als das Fremde, vgl. auch Arend (2001), S. 219f. Moser sieht hier eher im Schulterschluss mit Romm einen invertierten Ethnozentrismus, „(...) der die Randvölker zum Hort einer natürlichen Unschuld stilisiert (...)" Moser (2005), S. 13. Diesem Geiste scheint auch Defoe zu entspringen.

97 Vgl. Novak (2001), S. 207ff.

98 Vgl. ebd., S. 210.

Ambivalenz Robinsons gegenüber.[99] Er ist gewissermaßen ein Held, ein nachstrebenswertes Sinnbild von Fortschritt, Entdeckergeist und Mut, der selbst „(...) der größten physischen Bedrohung, nämlich verschlungen zu werden, nicht nur Herr wird, sondern das barbarische Element diszipliniert, christianisiert und überdies zu nutzen versteht."[100] Dadurch bedient er sich aber eines symbolisch-kannibalischen Aktes, indem er sich Freitag einverleibt und so zu eigen macht.[101]

Robinson wird mit zwei unterschiedlichen Varianten von Kannibalismus konfrontiert. Der zukünftige Freitag wird von einem verfeindeten Stamm zur Insel gebracht. Die offenbar überlegenere Gemeinschaft brät und gart das Fleisch über Feuer. Später wird auch Freitag sich als Kannibale entpuppen,[102] allerdings als omophager. Das rohe Verschlingen eines Menschen ist frei von jeglichem kulturellen Zugeständnis. Omophagie ist eine Form des Essens, die mit dem Fressen der Tiere am ehesten vergleichbar wäre und dem gesitteten Verzehr mit Messer und Gabel am weitesten entrückt ist. Defoe zeigt an mehreren Stellen auf, dass Freitag einem omophagen Volk entstammt. So deutet er Robinson beispielsweise nach seiner Rettung an, sowohl die Leichen der getöteten Kannibalen als auch die Reste des kannibalischen Mahls am Strand essen zu wollen. Dem gegenüber scheint ihm die Zubereitung von Fleisch über Feuer völlig fremd zu sein.[103] Diese Indizien würden den bevorzugt rohen Verzehr von Menschenfleisch

---

99 Selbiges gilt ebenso für Defoe. Seine Auffassung vom Zusammenspiel der Kultur und der Natur ist ambivalent. „(...) Defoe [war] von Herzen ein Primitivist. Er glaubte, daß die Menschen Religion nötig haben (vorzugsweise das Christentum), um ihre natürliche Schlechtheit zu überwinden, aber er glaubte auch, daß die Kultur die Menschheit korrumpiert habe und eine Annäherung an die Natur die Seele reinigen könne." Novak (2001), S. 215.

100 Arend (2001), S. 233.

101 Vgl. ergänzend auch die Ausführungen zu Johann Karl Wezels Gegenentwurf *Robinson Krusoe* bei Arend (2001), S. 233-240. Bei Wezels Krusoe ist der Auftritt des Menschenfressers „(...) Spiegel zur Reflektion auf seinen eigentlich glücklichen Zustand." Ebd., S. 239.

102 Er wird dadurch aber auch aus der anonymen Masse des Stammescorpus herausgehoben und wird Individuum und später Freund. Ihm wird zugestanden, dass er sich ändern kann, so er gewillt ist, und dass er Christ werden kann. Seine dienende Funktion bleibt ihm aber erhalten.

103 Vgl. Novak (2001), S. 211f.

nahelegen und Freitag in einem als kulturlos empfundenen Stamm verwurzeln.[104]

Freitag bekommt als exotischer „Fantasiekannibale" und entsprechender Begründer der oben eröffneten Kategorie des Freitag-Stereotyps jedoch auch positive Eigenschaften zugerechnet. Er ist ebenso Sinnbild des „edlen Wilden" wie auch Vertreter eines primitiven Stammes, der zwar Kannibalismus praktiziert, diesen aber durch Christianisierung ablegen kann.[105] So kann er Freund und treuer Weggefährte werden als auch Diener bleiben, dem der sklavische Zwang jedoch erspart wird. Freiwillig und aus Dankbarkeit fügt er sich seiner Rolle als „Wilder" in der Zivilisation.

4.3 Freitag im Film

4.3.1 Varianten motivischer Tradierung

Im Vergleich zu anderen Robinsonaden fällt gerade bei den zahlreichen Crusoe-Verfilmungen ein wesentliches Charakteristikum auf: der Kannibale! Während Robinsons Geschichte ohne ihn als Motiv nicht auskommt, ist frappant, dass in anderen Robinsonaden die kannibalische Metapher nicht benötigt wird - so zum Beispiel bei CASTAWAY - Die Insel (CASTAWAY, Großbritannien 1986, Regie: Nicholas Roeg), CAST AWAY - VERSCHOLLEN (CAST AWAY, USA 2000, Regie: Robert Zemeckis) oder auch in der Fernsehserie LOST (LOST, USA 2004-2010, nach einer Idee von J. J. Abrams, Damon Lindelof und Jeffrey Lieber). Georg Seeßlen sieht hier einen Paradigmenwechsel innerhalb der Robinsonaden. Dem Robinson, der auf der Insel sein stabiles Weltbild begründet und sich seinen zivilisierten Ursprung mit eigener Kraft neu erschafft (die kontrastierende Wildheit des Kannibalen spielt hier eine elementare Rolle), stehen in modernen

104 „Wie seine Feinde ist Freitag ein Kannibale (...). In jeder anderen Hinsicht ist Freitag der ideale natürliche Mensch. Hobbes hatte behauptet, daß Dankbarkeit das erste Naturgesetz war, und Freitag zeigt beispielhafte Dankbarkeit gegenüber dem Mann, der sein Leben gerettet hat." Ebd., S. 212.

105 Im Grunde entspricht auch der Harpunier Queequeg aus Herman Melvilles Roman *Moby-Dick* (1851) dem Freitag-Stereotyp. Er ist ehemaliger Kannibale von einer Südseeinsel. Seine exotische, großgewachsene Erscheinung wird durch Tätowierungen am ganzen Körper unterstrichen. Er ist aber ebenfalls Sinnbild des „edlen Wilden", guter Freund und treuer Begleiter, tapfer und begabt sowie ein begnadeter Jäger. Auch dieser Stoff wurde zahlreich verfilmt, zuletzt im Rahmen einer TV-Produktion, MOBY DICK (MOBY DICK, USA 2010, Regie: Mike Barker).

Variationen entkräftete und ihrem Leben fremde Persönlichkeiten gegenüber, die erst zu sich finden müssen.[106] Und auch die am Schema der Robinsonaden orientierten Verfilmungen des Jungendbuch-Klassikers *Herr der Fliegen* (1954) von William Golding benötigen das Motiv entsprechend des literarischen Vorbildes nicht: HERR DER FLIEGEN (LORD OF THE FLIES, Großbritannien 1963, Regie: Peter Brook) und HERR DER FLIEGEN (LORD OF THE FLIES, USA 1990, Regie: Harry Hook). In diesem Falle ist die Ursache aber primär in der gesellschafts- und politmetaphorischen Funktion der Geschichte zu suchen. Die existenzielle Ernährungsfrage der gestrandeten Kinder wird durch Wildschweine auf der Insel gelöst. Ohnehin wäre Kannibalismus unter den Knaben eine zusätzliche und darum auch unnötige Dramatisierung des gezeichneten Bildes der Bestie Mensch in Extremsituationen. Gewaltausbrüche untereinander gibt es schließlich genug. Der Kannibalismusaspekt als ritueller Bestandteil von Kriegsführung ist hier jedoch ausgespart, eventuell auch, weil er unabhängig von den Eskalationsstufen des Konfliktes niemals ein Bestandteil „zivilisierter" (oder auch europäischer) Kriegsführung sein kann.

Im Folgenden soll anhand einiger ausgewählter und teils recht frei interpretierter Beispiele von Robinson-Verfilmungen betrachtet werden, wie mit dem hier dramaturgisch notwendigen Motiv des Freitag-Stereotyps umgegangen wurde. Auf zwei sehr nah am Basiswerk orientierte Verfilmungen, die entsprechend überwiegend auf ein eigenständiges Interpretationsangebot im Bezug auf die Kannibalen über die oben umrissenen Funktionen hinaus verzichten, sei hier jedoch nur kurz verwiesen. Zum einen DIE SELTSAMEN UND EINZIGARTIGEN ABENTEUER DES ROBINSON CRUSOE AUS YORK, BERICHTET VON IHM SELBST (DIE SELTSAMEN UND EINZIGARTIGEN ABENTEUER DES ROBINSON CRUSOE AUS YORK, BERICHTET VON IHM SELBST, Deutschland/Frankreich 1964, Regie: Jean Sacha), der bis heute wohl die werkgetreueste Verfilmung des Stoffes darstellt. Beinahe stoisch und ernsthaft wird sich über weite Teile der erzählten Geschichte an die Vorlage gehalten,[107] allein die Laufzeit über vier abendfüllende Spielfilme hinweg ermöglicht dies. Freitag (Fabian Cevallos) taucht erst zur Mitte des dritten Teils auf. Sein kannibalischer Ursprung offenbart sich durch die bekannte Geste, die Gefallenen essen zu wollen. Robinsons (Robert Hoffmann) Reaktion ist eindeutig:

---

106 Vgl. *Seeßlen, Georg*: Filmwissen: Abenteuer. Grundlagen des populären Films, (2., erweiterte Aufl.) Marburg 2011, S. 297.

107 Jedoch sprengt Robinson hier die Kannibalen während ihres rituellen Tanzes tatsächlich in die Luft.

Das Native wird verboten und Freitag wird umgehend zum Sklaven funktioniert. Erst die aufkeimende Freundschaft mindert seine Rolle als Diener. Da kulturelle Armut an Nacktheit erkennbar ist und erst die Hose einen Menschen formt, so Robinson, bekommt Freitag eine. Robinson ist dennoch immer auf eine Grenzziehung zwischen sich und dem Freund bedacht. Die dienende Funktion wird Freitag darum bis zuletzt innehaben. Er ist hier als gefügiger Begleiter zu charakterisieren, dem auf ewig das Stigma des Kannibalismus anhaftet und der zusätzlich der westlich diktierten Differenzierung zwischen Schwarz und Weiß und somit zwischen Unkultur und Kultur unterliegt.

Zum anderen ist Luis Buñuels DIE ABENTEUER DES ROBINSON CRUSOE (LAS AVENTURAS DE ROBINSON CRUSOE, Mexiko 1954, Regie: Luis Buñuel) zu nennen. Dieser stellt im Gegensatz zu den meisten anderen Robinson-Verfilmungen Freitag (Jaime Fernández) zwar auch als allmählich zu inkorporierenden Gegenpol zum christlichen Weltbild und Glauben dar, hier aber nicht zur Manifestation, sondern im Sinne einer Loslösung vom Christentum. Je länger Robinson (Dan O'Herlihy) auf der Insel verweilt, desto weniger empfänglich ist er für die Worte Gottes. Wo er anfangs beim Versuch, den Weizen zu schützen, noch nahezu missionarisch mit einem symbolischen Kreuz hantiert, findet er später keinen Zugang mehr zur Bibel. Die Gespräche mit Freitag über das Wirken Gottes und die Funktion des Teufels lassen ihn schließlich vollends Zweifeln und sich hilfesuchend an den Papageien wenden, der die Worte doch noch verstehen müsse. Freitag selbst erkennt keinerlei Logik neben dem Gesetz des Stärkeren. Da er selbst keinen Glauben an eine eigene Gottheit verbalisiert, wirkt seine native Naivität nur noch ursprünglicher und eher als Segen denn als Fluch. Da er jedoch aus Furcht vor seinem immanenten Kannibalismus herablassend und stets misstrauisch behandelt wird, was über die gesamte Laufzeit hinweg das Dispositiv von Herr und Sklave aufrechterhält, schreibt sich auch sein Schicksal als Diener trotz leicht variierter Funktionalisierung gegenüber Robinsons Glauben fort. Auch dieser Freitag fügt sich widerstandslos und unterwürfig nach der Rettung von der Insel in seine Dienerrolle. Jedoch erhält Robinsons herrischer Umgang mit dem Freund eine humane Aura. Die finale Großoffensive der Kannibalen müssen sie nur kurz und in Notwehr selbst bestreiten. Das Massaker des Zivilisierten am Fremden übernehmen jedoch bereitwillig die spanischen Meuterer. Robinson bleibt somit ein moralisch guter Mensch, trotz ausgeprägtem Hang zur Sklaverei - immerhin behandelt er seinen Diener gut.

Beide Filme stellen dem Freund Freitag eine klassische Interpretation des Äußeren eines nativen Kannibalen gegenüber. Die „Karibischen

Indios" sind schlicht entweder mit kurzen, ledernen Lendenschurzen bekleidet oder, so in DIE ABENTEUER DES ROBINSON CRUSOE, mit langen, dichten Baströcken. Die einen bändigen ihr längeres, schwarzes Haar durch Lederriemchen, die anderen tragen es offen. Punktuelle Körperbemalung und gelegentlich erkennbarer Körperschmuck in Form von Ketten komplettieren das klassisch-fiktionale Stereotyp des Wilden, unabhängig davon, ob er nun Kannibale ist oder nicht. Freitag selbst ist optisch kaum von ihnen zu unterscheiden.

Andere Verfilmungen gehen freier und teils am Zeitgeist orientiert mit ihrem Freitag-Motiv um. Die wohl früheste Verfilmung LES AVENTURES DE ROBINSON CRUSOÉ (LES AVENTURES DE ROBINSON CRUSOÉ, Frankreich 1902, Regie: Georges Méliès) liegt nur fragmentarisch vor. Sie lässt allerdings einen Blick auf die Kannibalen zu. Der Film ist slapstickhaft überzeichnet, entsprechend wirkt Freitag regelrecht hysterisch und hyperaktiv. Ihm gegenüber stehen die fantasievoll geschmückten Kannibalen. Sie scheinen reichlich naiv zu sein, da ihnen das notwendige Klettern über die erschossenen Leichen ihrer Angehörigen nicht zu denken gibt, bevor sie ebenfalls vor Robinsons Flinte stehen. Die wenigen vorhandenen Sequenzen geben bereits einen aufschlussreichen Einblick in die kreative Umformung der Basisgeschichte. Augenscheinlich wurden diverse Slapstick-Einlagen, komische Situationen und übertriebene Gesten eingearbeitet, um den Stoff als Stummfilm möglichst aussagekräftig und dynamisch zu gestalten. Freitag ist ein permanent jubelnder Gehilfe, dem wilde Kannibalen gegenüber stehen, deren Niederstrecken offenbar keinerlei moralische Einwände anzuhaften sind. Méliès legte hiermit eine komödiantisch übertriebene, aber auch eindrucksvoll ausgestattete Interpretation vor. In der Stummfilmzeit liegen somit bereits die motivischen Wurzeln des Komödien- und Cartoon-Kannibalen. Eines ihrer typischen Charakteristika ist die exaltiert-naive Dummheit während der Attacken auf Fremde. Sie schätzen ihre eigene körperliche Unversehrtheit offenbar nicht als hohes Gut, ordnen Individuelles immer den Stammesinteressen unter und sind für das Ziel des Nahrungserwerbs allesamt bereit, den immer gleichen Tod zu erleiden. Sie stürzen sich wie Lemminge in die Gefahr, aufgereiht versucht jeder, es dem Vorgänger gleich zu tun, unabhängig dessen sichtbaren Schicksals. Diese somit etablierte Eigenschaft zieht sich durch die Abenteuerkomödien der 1920er-Jahre, hier speziell in DER NAVIGATOR (THE NAVIGATOR, USA 1924, Regie: Buster Keaton, Donald Crisp), und wird offenbar auch dankbar von den frühen Zeichentrickfilmen aufgegriffen – dazu an anderer Stelle mehr.

Der Stummfilm ROBINSON CRUSOE (ROBINSON CRUSOE, Großbritannien 1927, Regie: M. A. Wetherell) geht die Verfilmung des Stoffes scheinbar ernsthafter an, behält jedoch überzeichnete Wilden-Figuren bei. Freitag (Herbert Waithe) ist hier eher ein rassistisches Klischee als ein „edler Wilder". In Angst vor Robinsons Gewehr verkriecht er sich mit dem Kopf voran im Sand. Das schulterlange, struppige Haar umfasst einen stets kindlich-fragenden und auch angsterfüllten Gesichtsausdruck. Er wird wie ein kleiner Junge inszeniert und von Robinson wie ein Hund getätschelt (bezeichnend, da Robinsons Hund kurz vor der Ankunft der Kannibalen verstarb). Er scheint hier nur Randfigur zu sein und als solche auch gekennzeichnet zu werden, zwar diktiert durch die Vorlage, aber in seinen metaphorischen und auch freundschaftlichen Funktionen stark eingeschränkt. Die Rolle und auch der Schauspieler treten hinter dem Star und Robinson-Darsteller M.A. Wetherell völlig zurück.

Mit MR. ROBINSON CRUSOE (MR. ROBINSON CRUSOE, USA 1932, Regie: A. Edward Sutherland) liegt eine weitere humoristische Herangehensweise vor, die sich sehr lose an der Vorlage orientiert und sowohl die ursprüngliche Notsituation als auch die Gefahr durch die Kannibalen mit absurden Albernheiten konterkariert. Steve Drexel (Douglas Fairbanks) begibt sich im Film während eines Segelausflugs mit Freunden auf eine Insel, um aus reiner Neugier und Freude wie Robinson zu leben. Nebst einem Kopfjäger kommt aber auch dieser Film nicht ohne vermeintliche Kannibalen aus,[108] wobei der Schrecken des Fußabdrucks hier allerdings Ersterem zukommt. Indessen ist die Bedrohung ob der beschwingten und frohen Natur von Drexel kaum nachhaltig. In völliger Verkennung der Gefahr, durch Säbel und Menschenschädel symbolisiert, begegnet er dem Jäger mit spielerischem Humor, stürzt sich mehrmals auf ihn und schlägt ihn so in die Flucht.

Der Mythos des exotischen und „edlen" Wilden wird hier, in offensichtlicher Anlehnung an Josephine Baker, in der weiblichen Saturday (Maria Alba) fortgeschrieben, die Steve letztlich auch bereitwillig in seine Heimat folgt und hier als hawaiianisch anmutende, halbnackte Attraktion in Varieté-Shows tanzt und sich so als Exotin zur Schau

---

108 Diese entpuppen sich als von den Freunden Drexels geschmückt und inszeniert. Speere, ein paar Federn, allerhand Ketten um Hals und Stirn, geblümte Shorts und etwas weiße Farbe im Gesicht scheinen die Illusion vollständig gemacht zu haben und offenbaren somit eine höchst alberne, aber auch stereotyp verklärte, bisweilen rassistische Sicht auf die exotischen Anderen.

stellen lässt. Kommentarlos fügt sie sich und wird der neuen Gesellschaft als Lustobjekt inkorporiert.

Ein ähnliches Motiv findet sich in der italienischen Komödie ROBINSON JR. (IL SIGNOR ROBINSON - Mostruosa storia d'amore e d'avventure, Italien 1976, Regie: Sergio Corbucci).[109] Hier bekommt Roberto „Robi" (Paolo Villaggio) ebenfalls eine Frau als Freitag zur Seite. ROBINSON JR. ist allerdings fern davon, eine ernsthafte Parodie zu sein, verlässt er sich doch zu sehr auf Exotik und Erotik, garniert mit teils platten Witzen.[110]

Zwei Dinge fallen besonders ins Auge: Zum einen ruht der Film lang auf den Schauwerten der exotischen Schönheit (Zeudi Araya) und nutzt jede Gelegenheit, ihre Nacktheit in Szene zu setzen. Zum anderen wird hierfür auf die Kannibalismusthematik verzichtet. Lediglich eine Andeutung ist enthalten, als sich Roberto nach einem verlorenen Wettkampf plötzlich in einem großen Kochtopf wiederfindet. Später stecken die Ureinwohner ihm eine Zitrone in den Mund und drapieren ihn auf einem garnierten Tablett aus Bambus und Gräsern. Diese Andeutung eines kannibalischen Ritus nach komödiantisch-stereotypen Vorlagen wird sogleich aufgelöst und als Reinigungszeremonie vor der Vermählung erklärt. Der Situationshumor entsteht hier folglich durch die bewusst irregeleitete Erwartungshaltung des Zuschauers, der die Attribute des kannibalischen Mahles deutet.

---

109 Der Film eröffnet mit dem Kontrast zwischen der Zivilisation und unberührter Natur. Der Vorspann ist unterlegt mit Aufnahmen von Roberto an einem endlosen Strand und kontrastiert mit einem Schnitt nach Mailand, auf Industrieanlagen, Strommasten und Smog. Hier wird gleich zu Beginn mit den Wünschen nach Exotik, Naturnähe und Abenteuer gespielt. Bezeichnenderweise war der Film speziell in der DDR sehr beliebt.

110 Inwiefern die Idee eines weiblichen Freitags hier auf den kurz vorher erschienenen Erotikfilmen ROBINSON UND SEINE WILDEN SKLAVINNEN (ROBINSON UND SEINE WILDEN SKLAVINNEN, Deutschland/Frankreich 1971, Regie: Jesus Franco) und DIE EROTISCHEN ABENTEUER DES ROBINSON CRUSOE (THE EROTIC ADVENTURES OF ROBINSON CRUSOE, USA 1975, Regie: Ken Dixon) beruht, ist nur schwerlich nachprüfbar. Gleiches gilt für einen eventuellen Rückgriff auf die Figur Saturday aus MR. ROBINSON CRUSOE. Spätestens hier sind jedoch die Belege erbracht, dass sich eine kannibalische Fantasie auch erotisch überspitzen lässt und dennoch Produzenten und Rezipienten findet, vgl. rückführend Kapitel 3.3. Der erotischen Verarbeitung der Thematik schließt sich seit 2005 auch ein Pornofilm an: ROBINSON CRUSOE ON SIN ISLAND (ROBINSON CRUSOE ON SIN ISLAND, Spanien 2005, Regie: Alessandro del Mar). Oraler Verzehr wird hier jedoch nicht mehr kannibalisch definiert.

Freitag funktioniert hier als Personifizierung einer Wunschvorstellung einer gefügigen, exotischen Dienerin, die auch Lustobjekt ist. Hiermit werden am ehesten obsolet-kolonialistische und chauvinistische Träume und Phantasien bedient. Freitag ist anfänglich kaum charakterisiert. Erst im Finale offenbart sie Selbstbestimmung. Zu Beginn des Kontakts tritt der Charakter der Figur jedoch hinter ihrer erotischen Inszenierung zurück. Sie trägt Lendenschurz aus Tigerfell, der nackte Busen wird durch eine exotische Kette nur leicht verdeckt. Während die Insulanerin in ihrer Rolle aufopfernd alltägliche Arbeiten verrichtet oder unterwürfig dienende Funktionen übernimmt, liegt Roberto am Strand und ergeht sich in erotischen Fantasien. Freitag wird sich darum letztendlich von ihm trennen. Nach aller Unterwürfigkeit und Gefügigkeit handelt sie zu Gunsten ihrer Sexualität. Offenbar ist es so, dass ein Wechsel zu einem weiblichen Freitag auf Kosten der Ernsthaftigkeit (oder zumindest einer ernsthaften Parodie) und zu Gunsten erotischer Schauwerte geschieht. Kannibalismus als Element der Furcht ist hier nicht zweckhaft und tritt folglich nur rudimentär oder überhaupt nicht auf.

4.3.2 Paradigmen- durch Perspektivwechsel?

Der Film FREITAG UND ROBINSON (MAN FRIDAY, USA 1975, Regie: Jack Gold)[111] zeigt bereits einleitend den Horror des Fußabdrucks. Robinson (Peter O'Toole) flaniert am Strand und entdeckt plötzlich den Abdruck im Sand. Nacktes Grauen erfasst ihn. In symbolischer Überspitzung der Panik geht die Fußspur in Flammen auf und aus diesen formt sich die illusorische Horrorvision eines Kannibalen: Groß, kräftig und dunkel, mit Speer und Schild bewaffnet, mit Federschmuck, Bastrock und exotischen Ketten bekleidet, daneben auf einem Stab ein menschlicher Schädel. Während Robinson in flehendes Gebet verfällt, erhebt der Kannibale drohend den Speer - *Schnitt* -.

Freitag (Richard Roundtree) erzählt seinem Stamm die Geschichte seines Abenteuers, die in Rückblenden gezeigt wird. Beim Fischen wurden er und seine Freunde abgetrieben und an eine unbekannte Insel gespült. Einer der Fischer verstarb und sollte zum Verzehr vorbereitet werden, damit der Geist des Mannes, den sie liebten, in ihnen weiterleben konnte.[112] Während sie ihn verspeisen, stößt Robinson auf die Gruppe und beginnt sogleich, getrieben von Angst und Wut, die Kan-

111 Basierend auf dem gleichnamigen Theaterstück von Adrian Mitchell (1973).

112 Herausgestellt sei, dass Freitag hier durch die Kenntnis der Fleisch-Zubereitung über Feuer ein höherer kultureller Stand angerechnet wird als in der Vorlage.

nibalen zu erschießen. Freitag gibt Crusoe durch eine List jedoch zu verstehen, dass er ein Gefangener ist.

Der Perspektivwechsel hin zu Freitag ist reizvoll und eröffnet neue Sichtweisen. Allerdings mussten hierfür auch sein kannibalischer Ursprung und der rituelle Hintergrund geändert, abgeschwächt und vor allem erklärt werden. Der rituelle Grund muss offenbar zwingend erläutert und damit in der Wahrnehmung gemildert werden, da sonst dem Bild des erhabenen Wilden noch immer die Barbarei anhaften würde. Das westliche Publikum könnte so den parodierenden Unterton dieser Robinson-Variation wahrscheinlich weniger verständnisvoll aufnehmen. Freitag erklärt sich darum dem Zuschauer indirekt durch eine Ansprache an seine Stammesangehörigen, diese aber werden den Grund kennen. Für sie ist eine detaillierte Schilderung nicht notwendig, schließlich ist es eine selbstverständliche, kultische Handlung und eine Form der Erinnerungskultur.[113]

Bemerkenswert ist die später gezeigte Toleranz und Offenheit des Stammes. Die Ureinwohner sind vorurteilsfrei dazu bereit, Robinson bei sich aufzunehmen. Unterstützt wird dies zusätzlich durch die scharfe Verurteilung Freitags, der versucht, ihn zu töten, um mit diesem Verzweiflungsakt seinen Stamm, speziell die Kinder, vor den Lehren der „Zivilisierten" zu bewahren. Gottesfürchtigkeit im christlichen Sinne scheint aus Freitags Sicht lediglich auf nackter Angst und Zwang zur Keuschheit zu beruhen. Dinge, für die er als Naturmensch keinerlei Verständnis aufbringen kann und will. Alles für ihn Gute und Schöne ist in der vermeintlichen Zivilisation offenbar auf Strafe verboten.

Robinson scheint sich vor allem Fremden zu fürchten, Freitag ist lediglich die Personifizierung seiner Ängste. Dessen Kannibalismus wird hier in invertierter Form durch eben jene Furcht eine subtilere Variante der Barbarei im zivilisierten Mantel gegenübergestellt. Erst der Perspektivwechsel ermöglicht es, diese Ebene des Robinson-Stoffes offenzulegen. Robinson hat Angst vor Freitag, er treibt ihn mit dem Gewehr vor sich her und kommandiert ihn hemmungslos. Außerdem steht es außer Frage, und dies kommt in anderen Verfilmungen des Stoffes selten so drastisch hervor, dass Freitag sich der englischen Kultur un-

113 Auf Kannibalismus wird im Laufe des Films nur noch einmal eingegangen, und dies nur beiläufig: Während des Bootbaus äußert Robinson die Befürchtung, dass ihn auf Freitags Insel nicht etwa Rettung, sondern der Magen seiner „Kannibalenfreunde" erwarten würde. Die Versicherung, dass er freundschaftlich aufgenommen werden wird, deutet auf einen offenen und friedlichen Stamm, der lediglich aus kulturellen Gründen Endokannibalismus betreibt, ohne daran etwas Unnatürliches oder Inhumanes zu finden.

ter strengem und teils denunzierendem Zwang anzupassen hat - und dies, obwohl das britische Benehmen im Setting der exotischen Insel albern erscheint. Zumal es mit Freitags sympathisch-naiver Natürlichkeit kontrastiert, regelrecht absurd wirkt. Waffengewalt steht hier aber über Logik und Vernunft. Von Freundschaft ist auch nach längerem Zusammenleben nichts zu erkennen. Bemerkenswert allerdings ist, dass der Kannibalismus Freitags kaum als Gefahr wahrgenommen wird. Viel eher empfindet Robinson sein naives Weltverständnis und das zivilisierte Normen hinterfragende Interesse als Bedrohung. Konflikte entstehen beispielsweise bei der Frage nach Besitz und Eigentum. Freitag kann nicht verstehen, wie etwas nur einem Einzigen gehören kann. Der Kannibale ist hier viel eher der Zivilisierte, wirkt im direkten Vergleich zu Robinson erhaben und weise und wird so zu einem Idealbild eines Menschen geformt, der uneigennützig und genügsam agiert.

4.3.3 Radikalisierungstendenzen

Mit ROBINSON CRUSOE (ROBINSON CRUSOE, USA 1997, Regie: Rod Hardy, George T. Miller) liegt eine freie Interpretation des Stoffes vor, die den religiösen Konflikt der beiden Inselbewohner stärker thematisiert und diesen in einer Art Religionskrieg gegen Kannibalen enden lässt.[114] Jedes Handlungselement geht schneller von statten und strebt einem, im Vergleich zu allen Vorgängern, radikaler inszenierten Freitag und auch einem aggressiveren Kannibalenstamm entgegen, wodurch das Element romantisch verklärter Exotik zurückgedrängt wird. Die Kannibalen wirken bestialisch überspitzt. Ihre Opferstelle ist mit allerhand Menschenschädeln auf Pfählen geschmückt, die sich in der schwarz-weißen Gesichtsbemalung der Eingeborenen widerspiegeln. Darüber hinaus sind sie mit heller, getrockneter Erde bedeckt. Die symbolische Verbindung von Tod und Ureinwohnern ist hier sehr deutlich. Die finale Lösung der Konflikte, hier aus religiösen Beweggründen beider Seiten im Kampf Christentum gegen Barbarei zugespitzt, sind auf konzentrierte Härte und entsprechend filmischer Action ausgerichtet.

Robinson (Pierce Brosnan) sieht sich mit einem Freitag (William Takaku) konfrontiert, der frei von der klassischen Romantisierung eines „edlen Wilden“ ist. Während der zögerlichen Annäherungs-

114 Dieser Krieg erinnert eher an Wezels Krusoe denn an Defoes Original, vgl. Arend (2001), S. 238ff.

versuche, bei denen Freitag deutlich aggressiver vorgeht,[115] werden sie erneut von den Kannibalen angegriffen. Wie lautlose Tiere stürzen sie aus dem Dickicht. Einem eben Getöteten schneidet Freitag das Herz aus der Brust und will hineinbeißen. Hier wurde es nicht bei einer zögerlich fragenden Geste belassen. Dieser Freitag handelt wesentlich martialischer und blutiger als in allen vorangegangenen Verfilmungen und lässt keinen Zweifel daran, dass er ebenfalls Kannibale ist.[116]

Dass Robinson daraufhin flieht, ist symptomatisch für ihre weitere Beziehung. Freitag wird hier immer ein Gottloser bleiben und er wird nie eine Hose tragen. Konsequent beharrt er auf sein natives Äußeres. Er ist wohl genährt, trägt einen langen Lendenschurz und eine Kette aus Muscheln mit einem großen Hauer am Ende. Sein Haar ist modern zu mehreren Zöpfen geflochten. Er trägt einen schmückenden Tierknochen in der Nasenscheidewand. Seine obere Gesichtshälfte ist mit roter Farbe bestrichen, sein Körper ist im Vergleich zu anderen Verfilmungen vollends schwarz und somit wesentlich dunkler und im Gesamtbild auch bedrohlicher. Er scheint insgesamt einem moderneren Verständnis vom „exotischen Wilden" zu entsprechen und ist charakterlich mit starkem Widerwillen ausgestattet. Er widerspricht und widerstrebt dem christlichen Glauben regelmäßig. Wie schon in MAN FRIDAY, zeichnet dieser Freitag sich durch Eigenständigkeit aus. Er ist weniger gefügig, er ist wissbegierig und hinterfragt vieles. Hieraus rührt zwangsläufig Konfliktpotenzial mit Robinson, das es in älteren Variationen mit einem unterwürfigen Freitag-Motiv nicht gab. Die hierdurch entstehenden Auseinandersetzungen entladen sich durch regelmäßiges Auseinanderleben der beiden Inselbewohner, was ihre Beziehung eher als Hass-Liebe und Nutzbeziehung denn als Freundschaft charakterisiert. Der final auf der Heimatinsel Freitags erzwungene Zweikampf, welcher von beiden nicht in Frage gestellt, sondern akzeptiert wird, scheint dies zu verdeutlichen. Hierbei handelt es sich um die letzte, konfliktgeladene Zuspitzung im Kampf auf Leben und Tod. Eher beiläufig und motivisch fragwürdig wird diese finale Spannung durch die Ermordung Freitags mit Gewehrschüssen gelöst. Kaum kommentiert wird in einer letzten Einstellung aus der kari-

---

115 Er nutzt u. a. die bekannte Unterwürfigkeitsgeste als List, um sich des Gewehres zu bemächtigen.

116 Der omophage Ernährungshintergrund Freitags ist hier zwar eingeflossen (ob aus Gründen der Werktreue oder eher, weil das rohe Verspeisen des menschlichen Herzens die barbarischste aller vorstellbaren Handlungen ist, bleibt ungeklärt), steht aber im Kontrast dazu, dass er jede andere Speise über Feuer zubereitet.

bischen Welt gezeigt, dass Robinson von Sklavenhändlern gerettet wird, die Freitags Stamm verschleppen und ihr Dorf niederbrennen.

Der arroganten Verweigerung von Kontakt mit „primitiver" Kultur durch Robinson fügt sich Freitag und erlernt dessen Sprache,[117] während er sich andernorts dem „Kulturkannibalismus" versagt. Diese gegenseitige Verweigerung offenbart unüberwindbare Konflikte. Erst der Krieg gegen die Kannibalen führt sie zusammen, dies aber nicht aus einer Bekehrung heraus, sondern durch Gefahr von außen.[118]

Dass Freitag insgesamt in wesentlich aggressiverer Form auftritt, schmälert den durch MAN FRIDAY eröffneten Blick auf den zivilisierten Ureinwohner. Zwar ist auch Robinson offensiv ablehnend, streng und teils aggressiv, aber im Kontrast zum menschenfressenden Freitag fällt dies kaum ins Gewicht. Die Vermutung liegt nahe, dass der als barbarisch empfundene, kannibalische Akt die egoistische Ungerechtigkeit des Zivilisierten immer überwiegt. Wird die Andeutung des anthropophagen Ursprungs nicht auf ein Minimum reduziert, wird Freitag zwangsläufig als grausam wahrgenommen. Gerade der Vergleich der Robinsondarstellungen von Peter O'Tool und Pierce Brosnan, im Kontrast zur Intensität des dargestellten Kannibalismus und der Charakterzeichnung Freitags, offenbart dies. Die Unterdrückung der Ureinwohner ist in ROBINSON CRUSOE gerechtfertigt, obwohl O'Tools Robinson wesentlich ablehnender gegen Freitag ist. Unter diesem Gesichtspunkt erscheint es fragwürdig, ob sich die radikalisierte Interpretation des Freitag-Stereotyps fortschreiben wird. In MAN FRIDAY wird er zu Beginn sogar essend gezeigt, dennoch wird er nicht als Bedrohung wahrgenommen, was auf den Kontrast von Naivität zu Aggressivität ebenso zurückzuführen sein wird wie auf die Wahrnehmung komödiantischer Inszenierung im Gegensatz zu einer

117 Dies ist von Vorteil, wenn im Gespräch über Gott und Glauben versucht wird, die Ursprünge einer kannibalischen Ernährung zu erklären, die im Grunde auf Folgendes hinausläuft: Man isst Fisch und schwimmt gut, man isst eine Eidechse und klettert gut, man isst das Herz eines Feindes und wird stark. Hier ist eine grundlegende Vorstellung von oraler Kräfteübertragung erkennbar.

118 Robinson trägt eine heidnische Kriegsbemalung in Anlehnung an Freitag. Derart geschmückt zieht er mit einem Dudelsack in den Krieg, was eher an Mel Gibsons BRAVEHEART (BRAVEHEART, USA 1995, Regie: Mel Gibson) erinnert als an eine ernsthafte Robinson-Verfilmung. Mit Fallen und Sprengstoff werden die Kannibalen getötet. Hier vollzieht sich ein Genrewandel vom Abenteuer- hin zum Actionfilm. Explosionen und herumgeschleuderte Leichen kontrastieren den Dschungel und wecken Assoziationen zu Vietnamkriegsfilmen.

ernsthaften Annäherung. Weiterhin scheinen die Gewichtungen der Sympathieverteilung des Zuschauers wichtig. Meist sind diese gleichberechtigt auf die zwei Freunde verteilt. Erst der Perspektivwechsel veranschlagt die Sympathien auf Seiten Freitags, wohingegen aggressiver Kannibalismus einseitig zu Robinson tendieren lässt.

5 Stereotypen für die ganze Familie

5.1 Cartoon-Cannibals

Um das durch Animationsfilme vermittelte Bild vom Kannibalen nachzuzeichnen, soll ein Blick in die zwanziger und dreißiger Jahre geworfen werden. Eine ganze Reihe beliebter Charaktere avancierte in dieser Zeit zu Cartoon-Helden und ging in Serienproduktion - hierfür musste ein großer Kanon an Abenteuern und komischen Situationen, spannenden Geschichten und ausreichend Nebencharakteren entwickelt werden. Besonders erfolgreiche Konzepte fanden entsprechenden Widerhall in Beiträgen anderer Studios. Auffällig ist nun, dass eine Vielzahl von Zeichentrickhelden auch auf den wilden Kannibalen traf. Dies mag hauptsächlich darauf zurückzuführen sein, dass Kannibalen im Dschungel zum festen Repertoire einer guten Abenteuergeschichte gehören, ebenso wie Safaris, Piraten, Schatzsuchen und dergleichen mehr, also alles, was möglichst weit von der eigenen Haustür entfernt liegt. Mangels Vielfalt und Innovationen handelt es sich bei den meisten Episoden allerdings um ewig wiederkehrende Missionars- und Menschenfresserwitze.[119] Der Kannibale ist gerade im frühen Trickfilm aber auch als durch Menschenfresserei zusätzlich überspitztes Afroamerikaner-Stereotyp zu werten.[120] Der Comic- und Cartoon-Kannibale tritt als ein personifiziertes Klischee hervor, wird mit typischen Attributen ausgestattet und in dieser Form ständig neu rezipiert. So trägt der Häuptling des Stammes immer eine Krone, während die Anderen meistens einen Knochen im Haar haben. Sie sind schwarz und nackt, nur mit einem Rock bekleidet, ihre Bewaffnung geht über Speer und Schild selten hinaus. Sie scheinen naiv zu sein, sind leicht zu überlisten und tappen bereitwillig in diverse Fallen. Natürlich steht inmitten des Dorfes auch ein Kessel auf einem Feuer. Dieses Cartoon-Klischee ist zwingend im Kontext der zeitgenössischen, rassistischen Darstellung von Afroamerikanern zu betrachten und zu werten. Eventuell - diese Möglichkeit scheint plausibel - ist das ge-

---

119 Im Bezug auf Comic und Animationsfilm zieht Brinckmann die Grenze zwischen dem *Menschenfresser* als dem Märchen zugehörig und Schauerfigur für die Kleinen und dem *Kannibalen* als albtraumhafte Horrorvision Erwachsener, Brinckmann (2001), S. 81. Dies halte ich für eine wenig sinnvolle Differenzierung.

120 Er ist eine überspitzte Karikatur des Südstaaten-Sklaven, den Lehman vielerorts im Cartoon ausmacht, vgl. *Lehman, Christopher P.*: The Colored Cartoon. Black representation in American animated short films, 1907-1954, Amherst 2009, S. 1-4.

häufte Auftreten des Cartoon-Kannibalen als Umgehungsversuch des sittenüberwachenden *Motion Picture Production Code* zu werten, der seit 1930 zu beachten war.[121]

Der erste für diese Untersuchung zugängliche Animationsfilm mit Kannibalen[122] enthält noch keinen Kochtopf. Es liegt zumindest die Vermutung nahe, dass dieser erst allmählich als Attribut Einzug hielt und anfänglich kein kannibalischer Standard war.[123] Auch der obligatorische Knochen im Haar ist noch nicht vorhanden, sodass die Eingeborenen lediglich durch den Titel des Films und durch ihre Aggressivität als Kannibalen gekennzeichnet werden. Wahrscheinlich entsprechen sie bereits nur durch ihre dunkle Hautfarbe in Kombination mit Speeren und Gewaltbereitschaft einer unter Zeitgenossen ausgeprägten Vorstellung vom menschenfressenden Wilden. Selbiges Phänomen trat auch ein Jahr zuvor in DER NAVIGATOR auf. Der Versuch, praktizierten Kannibalismus vom Aussehen abzuleiten, findet sich schließlich bereits bei Kolumbus (hier allerdings nur dann, wenn Ähnlichkeiten zu den ihm bekannten Kariben vorgefunden wurden). „Die fressen Menschen, wie ihr scheußliches Aussehen beweist (…).“[124]

Im Folgenden soll durch punktuelle Betrachtung einiger Fallbeispiele der entwickelte Motivkanon extrahiert werden. ALICE CANS THE CANNIBALS (ALICE CANS THE CANNIBALS, USA 1925, Regie: Walt Disney) ist eine Episode der von Disney seit Ende 1922 produzierten ALICE IN CARTOONLAND-Serie. Das reale Mädchen Alice (Virginia Davis) landet mit ihrem Cartoon-Begleiter nach einem Autounfall auf einer Kannibaleninsel. Die Kannibalen greifen die Eindringlinge sofort an. Ihre Speere aggressiv nutzend, scheint von ihnen höchste Gefahr auszugehen, obwohl sie durch Naivität und Dummheit schließlich keine ebenbürtigen Gegner darstellen.

Der Charakter Bosko, eine schwer definierbare, schwarze Figur, ist im Rahmen der Looney-Tunes-Reihe das Aushängeschild der frühen

---

121 Vgl. Lehman (2009), S. 37.

122 Die ältesten bekannten Cartoons mit Kannibalen sind ON THE CANNIBAL ISLE (ON THE CANNIBAL ISLE, USA 1916, geschrieben von: Walter Hoban) und PROFESSOR BONEHEAD IS SHIPWRECKED (PROFESSOR BONEHEAD IS SHIPWRECKED, USA 1917, Regie: Harry Palmer).

123 Auch die ein Jahr zuvor erschienene Komödie DER NAVIGATOR kannte noch keinen Kessel.

124 Zitiert nach Erwin Frank aus einem Brief von Kolumbus, verfasst während der vierten Seereise, vgl. Frank (1987), S. 221, Anm. 1.

Warner Brothers Cartoons gewesen.[125] BOSKO SHIPWRECKED! (LOONEY TUNES - BOSKO SHIPWRECKED!, USA 1931, Regie: Hugh Harman, Rudolf Ising) bringt ihn ebenfalls auf eine Kannibaleninsel und zeichnet dort das entwickelte Menschenfresser-Motiv fort. Hier wird ein schwarzer Wilder mit gekreuzten Knochen auf seinem Haupt eingeführt. Während sich der Dorfplatz mit bewaffneten Kannibalen füllt, taucht ein menschliches Skelett aus einem Kochtopf auf und begrüßt den entsetzten Bosko als neuen Weggefährten in der Suppe. Dieser flieht angesichts der Schrecken, die ihn im Dorf überraschen.

Die Figur Bosko wurde nach dem Wechsel von Harman und Ising zu MGM „(...) als Karikatur eines Negerjungen vollständig neu entworfen."[126] Als ebensolcher trifft er wenige Jahre später in LITTLE OL' BOSKO AND THE CANNIBALS (LITTLE OL' BOSKO AND THE CANNIBALS, USA 1937, Regie: Hugh Harman) abermals auf Kannibalen, die er sich allerdings nur in seiner Fantasie ausmalt. Dennoch ist an dieser Episode interessant, dass die Kannibalen die üblichen Insignien aufweisen, aber auch einen entscheidenden Unterschied: Sie sind Frösche! Hierdurch wird weiterhin die kontrastierende Andersartigkeit der Menschenfresser betont, als Gegenüberstellung zum Südstaaten-Negerjungen konnte aber das Klischee nicht in der üblichen Ausformung des schwarzen, primitiven Wilden auftreten, denn schließlich vertrat Bosko bereits selbst diese Überzeichnung. Der Frosch wurde wegen des großen Mundes jedoch auch als Karikatur auf Afroamerikaner erkannt.[127]

Neben der Loony-Tunes-Serie brachte Warner Brothers eine weitere, musikalisch orientierte Cartoon-Reihe auf den Markt, die bis Mitte 1933 unter der Schirmherrschaft von Rudolf Ising stand: die Merry Melodies.[128] I'VE GOT TO SING A TORCH SONG (I'VE GOT TO SING A TORCH SONG, USA 1933, Regie: Tom Palmer) ist benannt nach einem Song aus der Warner-Musiksparte (eine vertraglich festgelegte Grundbedingung für diese Cartoon-Serie) und beschreibt die Reichweite von Radios. In einer kurzen Episode wird auch ein Kannibale gezeigt, groß und kräftig, mit Ohrring und Krone, welcher der Koch-

---

125 *Maltin, Leonard*: Der klassische amerikanische Zeichentrickfilm. Der berühmteste Film der Welt und seine Geschichte, München 1982, S. 394ff.

126 Maltin (1980), S. 482.

127 Vgl. Lehman (2009), S. 39, und für diese Episode speziell ebd., S. 55f. Es findet sich auch der Hinweis, dass bereits bei Warner Brothers die Figur des Bosko als „little black boy" angelegt war, jedoch längst nicht so offensichtlich, vgl. ebd., S. 18f.

128 Vgl.: Maltin (1980), S. 397.

sendung aus seinem Schädel-Radio (!) bereitwillig lauscht, während er zwei Missionare in seinem Topf würzt und unterrührt.

Zu Beginn der 1930er-Jahre war der Klischee-Katalog des Cartoon-Kannibalen folglich bereits mit all seinen Elementen vorhanden. Ab diesem Zeitpunkt wiederholen sich die Motive stoisch. So finden sich bei Stichproben quer durch die Cartoonlandschaft der dreißiger Jahre kaum nennenswerte Erweiterungen. Flip the Frog,[129] Micky Maus,[130] Betty Boop[131] und Tom & Jerry, sowohl in der ursprünglichen Fassung aus dem Van-Beuren-Studio[132] als auch in der weltberühmten MGM-

---

129 Mit dem Vertrieb von Iwerks' Flip the Frog fasste MGM erstmals Fuß auf dem Cartoon-Markt, vgl. Maltin (1980), S. 344. Zwischen 1930 und 1933 wurden insgesamt 37 Kurzfilme mit diesem Charakter produziert (ebd., S. 345) und natürlich stieß er auf einer Safari auch auf Kannibalen. In AFRICA SQUEAKS (FLIP THE FROG - AFRICA SQUEAKS, USA 1931, Regie: Up Iwerks) gibt es zuerst nur einen Kannibalen mit Knochen im Haar, seine Weggefährten tragen das Übliche: Speere und Röcke (im Übrigen sind sie weniger dunkel als Flip selbst). Erst nachdem Flip in einem Kessel auf dem Feuer platziert wurde, tragen plötzlich alle einen Knochen im Haar. Messer und Gabel illustrieren die Absicht des Verzehrs zusätzlich.

130 In TRADER MICKEY (Walt Disney's MICKEY MOUSE in TRADER MICKEY, USA 1932, Regie: David Hand), Micky und Pluto auf Abenteuerfahrt im Dschungel, sind zwar wesentlich ausdifferenziertere Native zu sehen, im Grunde liegt dies aber lediglich an einem detailverliebten Gesamtkonzept. Nasenringe, spitze Zähne, exotische Kopfbedeckungen, zahlreiche Schädel und komplette Skelette ergänzen die gängigen Attribute. Diese Kannibalen plündern übrigens hemmungslos.

131 I'LL BE GLAD WHEN YOU'RE DEAD, YOU RASCAL YOU (I'LL BE GLAD WHEN YOU'RE DEAD, YOU RASCAL YOU, USA 1932, Regie: Dave Fleischer) zeigt Betty Boop „assisted by Bimbo and Koko" (so die einleitende Texttafel), die spazieren getragen wird. Im Wald lauern mit Messern bewaffnete Kannibalen. Sie sind klein und dick. Die drei laufen in eine Falle, Betty wird entführt und ihre Begleiter landen im Kochtopf. Während diese später durch Nebel fliehen, erscheint die riesige Vision eines Kannibalenkopfes, der „I'LL BE GLAD WHEN YOU'RE DEAD" singt. Der Kopf verwandelt sich in die Realaufnahme von Louis Armstrongs Haupt, welches die Diener durch den Nebel jagt. Unterdessen ist Betty Boop an einen Marterpfahl gebunden und wird umtanzt. Von den Szenen musizierender Kannibalen gibt es immer wieder Gegenschnitte auf die afroamerikanischen Musiker des Louis-Armstrong-Orchestra. Im Grunde handelt es sich hier um ein Jazz-Musikvideo, die im Kontext hergestellten Assoziationen sind allerdings höchst fragwürdig. Zur Vermischung von Cartoon und Jazz als Form afroamerikanischen Kulturausdrucks im Nachtleben der Großstadt vgl. Lehman (2009), S. 19-25 und für den hier besprochenen Film S. 31f.

132 In PLANE DUMB (TOM & JERRY in PLANE DUMB, USA 1932, Regie: John Foster, George Rufle) fliegen Tom und Jerry nach Afrika. Um nicht aufzu-

Katz-und-Maus-Variante, schreiben die entwickelte, rassistische Motivtradition fort. In HIS MOUSE FRIDAY (TOM & JERRY in HIS MOUSE FRIDAY, USA 1951, Regie: William Hanna, Joseph Barbera) scheinen ein Knochen im Haar, ein Bastrock und ein mit Ruß schwarz eingefärbtes Gesicht zu genügen, um den Kater Tom in Todesangst zu versetzten. Wohlgemerkt liegen zwischen diesem Film und den davor betrachteten beinahe zwanzig Jahre. Mit einem Speer bewaffnet treibt Jerry, der zuvor als Robinson-Karikatur auftrat, den eingeschüchterten Kater in den Kessel und lässt ihn die Gemüsebeigabe gleich selbst schneiden. Auch die Suppe muss er abschmecken. Die Kannibalen-Attribute scheinen im Cartoon derart wirkungsvoll und ehrfurchterbietend zu sein, dass der Kater selbst die größte Erniedrigung durch die Maus über sich ergehen lässt.

Robinson-Karikaturen waren im Cartoon häufiger auftauchende Motive, gerade durch die sich anbietende Verbindung mit Kannibalen. Bereits 1935 tat Micky Maus es Robinson gleich. In MICKEY'S MAN FRIDAY (MICKEY MOUSE in MICKEY'S MAN FRIDAY, USA 1935, Regie: David Hand) strandet sie auf einer Insel und erlebt sogleich den Horror des Fußabdrucks im nassen Sand. Mickey entdeckt einen Stamm, der einen Artgenossen in den Topf treibt. Durch ein albernes Kostüm können die Kannibalen in die Flucht geschlagen werden. Um sich mit ihrem neuen Freitag, dieser scheint eine Art Affe zu sein, der den Handschlag mit dem Fuß vollführt (eine rassistische Freitag-Interpretation unter dem Deckmantel des Tier-Cartoons), bei der Rückkehr der Kannibalen verteidigen zu können, errichten sie schließlich ein Fort. Während Mickey Mouse es noch Robinson gleich tut, strandet die zutrauliche Kuh Molly in MOLLY MOO COW AND ROBINSON CRUSOE (MOLLY MOO COW AND ROBINSON CRUSOE, USA 1936, Regie: Burt Gillett, Tom Palmer) auf der Insel des wirklichen Robinson Crusoe. Dieser will jedoch die Kuh nicht in seiner Nähe. Die plötzlich auf dem Eiland auftauchenden Kannibalen, die in ihrem buschig aufgetürmten Haar den obligatorischen Knochen tragen, nehmen Robinson gefangen und stecken ihn in einen Topf. Mit den unberechenbaren Waffen des ursprünglichen Inselbewohners vertreibt Molly die panikartig fliehenden Eingeborenen. Mit Ruß färbt sie sich schließlich Kopf und Gesicht schwarz, um sich Robinson unterwürfig anzubiedern, der sich über seinen neuen Freitag erregt freut. Das Einfärben des

fallen, färben sie sich die Gesichter schwarz und sprechen Dialekt. Sie stürzen allerdings mit dem Flugzeug ins Meer. Nach Abenteuern auf See verschlägt es sie zu wilden Tieren und fantastischen Bestien an Land. Ein Eingeborenenstamm, lediglich durch Knochen im Haar als Kannibalen erkennbar, jagt die beiden schließlich mit Speeren. Vgl. auch Lehman (2009), S. 26f.

Gesichts findet sich im Trickfilm häufig als Afrikaner-Witz. Kohärent wären auch die typischen schwarz gefärbten Gesichter mit krausem Haar nach einem Flintenschuss deutbar, die in Cartoons ebenfalls als regelmäßig wiederkehrendes Motiv auftauchen. Mutwillige und indirekte, ggf. unbeabsichtigte Einfärbungen hätten in diesem Fall das gleiche Ergebnis.

1968 wurde der durch die Cartoons vermittelte, teils extreme Rassismus in einem finalen Akt der Selbstregulierung[133] durch United Artists geahndet. Insgesamt elf Animationsfilme, die sogenannten *Censored Eleven,* aus dem Hause Warner Brothers waren betroffen, da ihre vermittelten Motive in Zeiten der Bürgerrechtsbewegung fehl am Platz waren.[134] Einer davon ist JUNGLE JITTERS (JUNGLE JITTERS, USA 1938, Regie: Friz Freleng) von Friz Freleng, unter dessen Regie gleich mehrere Beiträge der geahndeten Elf entstanden. Gezeigt wird hierin ein Vertreter, der versucht, in ein natives, afrikanisches Dorf zu gelangen. Von den Bewohnern als leckerer Braten (als Grillhähnchen verbildlicht) angesehen, findet er sich alsbald in der Gewalt des Kochs, während die anderen seine Habseligkeiten plündern. Die Kannibalen tragen Tierfelle als Kleidung und einen Knochen im Haar, sie warten mit Messer und Gabel bewaffnet auf ihr Dinner. Der finale Witz ist identisch zu dem in BOSKO SHIPWRECKED! (1931). Ein Indiz für die ewig wiederkehrenden Motive und Klischees im Cartoon.

Der Zeichentrickfilm hat, wie dargestellt wurde, das filmische Motiv des Kannibalen zu einer eigenständigen Kategorie weiterentwickelt. Durch eine teils satirische und meist rassistische Fortschreibung des amerikanischen Afroamerikaner-Klischees in Verbindung mit Kannibalen-Stereotypen und durch das notwendige Genre-eigene Gebot der Reduktion ohne Verlust der Wiedererkennungswerte ist der Cartoon-Kannibale eine eigenständige Kunstfigur geworden. Der entwickelte Kanon typischer Attribute formte ein Bild, welches auch innerhalb eines stark reduzierten, der Realität weit entrückten Trickfilms einen großen Erkennungswert hat.

Die Krone der Parodie auf den Kannibalen im Cartoon, aber auch auf das Stereotyp im Allgemeinen ist die konterkarierende Figur des Sideshow Mel aus der Zeichentrickserie DIE SIMPSONS (THE SIMP-

---

133 Es gab bereits seit 1930 Bestrebungen, die aber erst in den sechziger Jahren im endgültigen Bann rassistischer Klischees endeten.

134 Vgl. Lehmans Ausführungen zu United Productions, ebd., S. 104-119.

SONS, USA 1989ff., nach einer Idee von Matt Groening).[135] Sein Äußeres ist eine Karikatur auf das Stereotyp des primitiven Wilden. Er trägt einen Knochen im grünen, buschig-aufgetürmten Haar, eine Halskette aus spitzen Tierzähnen oder grünen Dornen auf dem nackten Oberkörper und einen Rock aus Blattwerk oder grünen Bananen (eventuell in Anlehnung an die Verkörperung des Exotischen durch Josephine Baker). Die völlige Überzeichnung des Charakters wird zum einen im Kontext bestärkt, als er anmerkt, dass sich der Knochen nur in seinem Haar befindet, da er versucht habe, damit einen Kaugummi zu entfernen.[136] Zum anderen ist schon nur am Entwurf von Mel auffällig, dass seine Hautfarbe meist durch einen hohen Weißanteil bedeutend heller ist als die seiner gelben Mitmenschen. Er ist folglich eine Umkehrung der Lichtmetapher, welche dem Weißen die assoziativ gute Kraft und dem Schwarzen das Böse anhaftet.[137] Hinzu kommt, dass Sideshow Mel im Originalton ein makelloses Oxford-Englisch spricht, was seinen hohen Bildungsstand offenbart und in hartem Kontrast zu seinem äußeren Erscheinungsbild aber auch zu seinen meist recht plump geratenen Mitmenschen steht. Sein bürgerlicher Name Melvin Van Horne verweist darüber hinaus auf europäische, eventuell sogar adelige Wurzeln. Auffallend ist darüber hinaus, dass Mel in nahezu jedem Bürgeraufstand (derer es in Springfield viele zu geben scheint) die Stimme erhebt. Den Barkeeper Moe mit seiner rohen, ungehobelten Art als Vertreter einer proletarischen Unterschicht und Chief Wiggum als Vertreter des Gesetzes hinzugezählt, tritt Sideshow Mel quasi als *vox populi*, als Stimme des Volkes, speziell des Bildungsbürgertums, hervor. In dieser Funktion steht er am entgegengesetzten Pol der Erwartung, die sein stereotypes Auftreten eigentlich provoziert.

---

135 In den deutschen Synchronfassungen heißt er Tingeltangel-Mel. In der serieninternen Fernsehshow von Krusty dem Clown mimt er den Assistenten, der jede Albernheit und Demütigung über sich ergehen lassen muss.

136 Vgl. DIE SIMPSONS, Staffel 07, Episode 21. „22 Kurzfilme über Springfield" (22 Short Films About Springfield).

137 Eine Metapher für die Erhellung geistiger und kultureller Finsternis durch christliches Licht.

5.2 Comedy-Cannibals

Die Komödie behält den Kannibalen in seiner stereotypen Form bei und schreibt die Cartoon-Motivtradition fort. Hier funktioniert der Menschenfresser, eingebettet in eine reichhaltig ausgeschmückte und gefährlich inszenierte Tierwelt, als symbolische Gefahr im exotischen Dschungel, die vom Helden überwunden wird. Dafür muss er ein für den Betrachter klar erkennbares Motiv sein, das meist noch zusätzlich verbal benannt wird.[138] Die Komödie braucht ihr albernes Stereotyp, um den Protagonisten nach erfolgtem Sieg über das primitive und doch gefährliche Volk heldenhaft erscheinen zu lassen, zumal eine Verfolgungsjagd durch unwegsames Gelände ausreichend Potenzial für komische Situationen bietet.

DER WEG NACH SANSIBAR (ROAD TO ZANZIBAR, USA 1941, Regie: Victor Schertzinger) ist der zweite „Road"-Film mit Bing Crosby und Bob Hope. Auf ihrer Reise durch Afrika stoßen sie auf eine Höhle. Innerhalb dieser finden sich Gebeine auf Holzgerüsten, die eine Vielzahl von Trommeln umfassen. Da sie die Trommeln benutzen, machen sie einen in unmittelbarer Nähe lebenden Kannibalenstamm auf sich aufmerksam.[139] Mit Tierhäuten bekleidet und großen Federn im Haar, ornamental bemalt und mit Halsketten aus Tierzähnen geschmückt sowie mit Speer und Schild bewaffnet, entsprechen sie optisch dem gängigen Klischee, wirken aber durch fülligen Federschmuck, der das Gesicht komplett umfasst, auch afrikanisch exotisiert. Ihr Dorf aus Lehmhütten ist natürlich mit zahlreichen menschlichen Schädeln geschmückt.

Wie Ameisen wimmeln nun hunderte Kannibalen zu der Höhle und nehmen die beiden Protagonisten gefangen. Ein Medizinmann hält sie für Götter, ein anderer bezweifelt dies und verweist mit einer scherzhaften Bemerkung gleich selbst auf den motivischen Ursprung beim Cartoon-Kannibalen: Wenn diese beiden Weißen Götter sind, so sagt er, sei er Mickey Mouse. Um hier die Palette gängiger Vorurteile zu vervollständigen, bekommen die vermeintlichen Götter Bananen ser-

---

138 In vielen Fällen, speziell in den vierziger und fünfziger Jahren, wird das Motiv bereits durch entsprechende Plakate visuell vorbereitet. So findet sich ein großer Kessel mit einem oder mehreren Protagonisten darin häufiger. Obwohl das kannibalische Attribut als Werbemittel eine eingehendere Untersuchung in einem eigenen Kapitel Wert wäre, kann diese hier nicht erbracht werden.

139 Es ist hier anzumerken, dass die Kannibalen das Finale der abenteuerlichen Odyssee durch Afrika bilden. Sie sind der dramatische Höhepunkt des Films.

viert, während der Stamm ausgedehnt exotische Tänze vollführt. Die Zweifel an den Gottheiten mehren sich allerdings und es soll ein Beweis erbracht werden. Einer der Beiden muss gegen einen Gorilla kämpfen. So er verliert, kann man den anderen immer noch essen. Da „Fearless" (Bob Hope) unterliegt, wird die Suppe in einem Kessel vorbereitet. Im letzten, verzweifelten Versuch dieser zu entkommen, vollführen beide einen Sketch, der die Eingeborenen derart begeistert, dass sie sich durch kontinuierliche Nachahmung gegenseitig k.o. schlagen. Durch Slapstick-Humor kann also das naive Volk besiegt werden.

Ein ähnlich geartetes Kannibalenbild wird durch die Komödie konstant fortgeschrieben. In ABBOTT UND COSTELLO in VERRÜCKTES AFRIKA (AFRICA SCREAMS, USA 1949, Regie: Charles Barton) geraten Buzz (Bud Abbott) und Stanley (Lou Costello) als Höhepunkt des Films in die Gefangenschaft eines afrikanischen Kannibalenstammes. Die Kannibalen sind reichhaltig exotisch geschmückt, beinahe schon *overdressed*, und auch hier trägt der Häuptling eine exotische Krone aus Reißzähnen und hoch aufgetürmten Federn. Hierbei handelt es sich um eine deutliche Parallele zum Cartoon-Kannibalen, die auch im Crosby-Hope-Film vorhanden ist. Auch der auf den Trickfilm zurückzuführende Kessel findet hier sein albernes Äquivalent (in Form eines kleinen, dicken und eines hohen, schmalen Kessels). Angemerkt sei auch, dass Parallelen in der Titelwahl zu AFRICA SQUEAKS (FLIP THE FROG - AFRICA SQUEAKS, USA 1931, Regie: Up Iwerks) und darüber hinaus zur Dokumentation von Walter Futter AFRIKA SPRICHT! (AFRICA SPEAKS!, USA 1930, Regie: Walter Futter) sicherlich nicht unbeabsichtigt waren.

In den fünfziger Jahren erfreuten sich komödiantische Musical-Filme großer Beliebtheit. Auch hier wurde der Kannibale als überspitztes Stereotyp unverändert weitergeführt. In SO LIEBT MAN IN PARIS (GENTLEMEN MARRY BRUNETTES, USA 1955, Regie: Richard Sale)[140] gibt es eine Szene, die das verzerrte Bild vom wilden, afrikanischen Kannibalen im Rahmen eines Musicals präsentiert. Während die Schwestern und Varietésängerinnen Bonnie (Jane Russell) und Connie Jones (Jeanne Crain) im finalen Bühnenstück in einem riesigen Kessel sitzen, agieren die schwarz bemalten Kannibalen-Schauspieler kontrastreich vor gelb-orangenem Hintergrund in exotischem Tanz mit überzeichneten Attributen. Speere, spitz zulaufende Schilde mit Zebra-

140 Sequel zu BLONDINEN BEVORZUGT (GENTLEMEN PREFER BLONDES, USA 1953, Regie: Howard Hawks) mit Jane Russell und Marilyn Monroe.

Musterung, lediglich Baströcke und rote Turbane[141] mit gekreuzten Knochen daran als Bekleidung und ein Koch mit entsprechender Mütze und riesigem Kochlöffel charakterisieren den manifestierten Motiv-Kanon.[142]

Dass die Komödie aber nicht nur das Klischee vermitteln, sondern kontextgebunden auch als solches entlarven und dekonstruieren kann, zeigt OUT OF ROSENHEIM (OUT OF ROSENHEIM - BAGDAD CAFE, Deutschland/USA 1987, Regie: Percy Adlon). Diese Arthouse-Komödie bezieht ihren dezenten Humor situationsbedingt aus einem Konflikt der Kulturen und vorurteilsbehafteter Fremdenangst.

Die urbayrische Jasmin Münchgstettner (Marianne Sägebrecht) verschlägt es in den kalifornischen Wüstenort Bagdad. Die temperamentvolle Brenda (CCH Pounder), die afroamerikanische Chefin des lokalen Motels, begegnet der molligen Bayerin kritisch. Aus unterschwelliger Fremdenangst und auch dezenter Diskriminierung entwickelt sich jedoch allmählich Vertrauen und schlussendlich eine Freundschaft zwischen den gegensätzlichen Frauen. Hier werden durch vorsichtige und respektvoll-tolerante Annäherung Vorurteile und Xenophobie abgebaut. Dies braucht aber viel Zeit und die Bereitschaft beider Parteien, das vorhandene Konfliktpotenzial zu überwinden. Die Bereitschaft zur Annäherung entsteht hier notgedrungen durch das relativ abgeschottete Zusammenleben. Parallelen zu Robinson Crusoe sind offensichtlich. Der Wüstenort Bagdad entspricht der entlegenen Insel, auf der sich die Protagonisten misstrauisch begegnen und erst durch die äußeren Umstände freundschaftlich zusammengeführt werden. Nur wartet OUT OF ROSENHEIM mit einer entscheidenden Variation auf: Die unterschiedlichen Kulturen existieren

---

141 Durch die roten Turbane lässt sich erahnen, dass hier auch auf eine stereotype Vorstellung von afrikanischen Mauren angespielt wird und keine Grenzlinie zwischen Islam und Kannibalismus gezogen werden soll. Dies legt bei genauerer Betrachtung aber auch Ursprünge des Stereotyps offen. Hier findet sich eine Kombination ethnozentrischer und alteuropäischer Zerrbilder, letztere aus kolonialistischem Geist, der sich bis in die Zeit der Kreuzzüge zurückverfolgen lässt. Diese wird als amüsierendes Bild funktionalisiert, welches seichte Unterhaltung liefern soll.

142 Während die beiden Heldinnen „Ain't Misbehavin'" (von Thomas W. Waller, Harry Brooks und Andy Razaf) singen, werden sie von einem Mann im Gorilla-Kostüm gerettet. Eine intensivere Betrachtung der Gorilla-Metapher, die je nach Kontext recht vielfältig ausgedeutet werden kann, könnte aufschlussreich sein, kann hier aber nicht erbracht werden. Auffallend ist aber, dass der Gorilla in Verbindung zu hilflosen Frauen sehr häufig im Film auftaucht. Vgl. hierzu auch ergänzende Anmerkungen unter 11.2.

gleichberechtigt nebeneinander. Brenda muss und will sich nicht einseitig anpassen, um ein friedliches Zusammenleben gewährleisten zu können. Jasmin zeigt im Verlauf der Annäherung ebenso keinerlei Verweigerung dem neuen Kulturkreis gegenüber. Der Film benötigt dazu aber plakative Klischees, die im Laufe der Zeit aufgelöst und als falsch entlarvt werden. Der Symbolgehalt der beiden Frauen als Vertreter ihrer Kulturen kann hier nur durch das Spiel mit stereotyper Vorstellung vom Anderen aufgebaut werden. Die Bayerin ist das Stereotyp des fremdwahrgenommenen Deutschen par excellence. Ihr gegenüber steht die temperamentvolle Afroamerikanerin, welche die Strapazen durch Haushalt, Kindererziehung und Motel-Management hinter einer harten Fassade verbirgt.

Wie tiefgreifend die Furcht vor dem Anderen zu Beginn in der Bayerin sitzt, illustriert eine kurze metaphorische Sequenz. Welche symbolträchtige Metapher wäre dabei geeigneter gewesen, die Angst vor dem Fremden zu verbildlichen, als die des Kannibalen? So findet sich Jasmin während des Einmietens ins Motel in einem Tagtraum wieder, da der kritische Blick Brendas sie zu bedrohen scheint. Sie sitzt nackt in einem Topf mit kochendem Wasser und wird von Afroamerikanern mit nackten Oberkörpern umtanzt. Die Angst, von der Fremde verschlungen zu werden, und das veraltete Bild der dem Wilden ausgelieferten weißen Frau, manifestieren sich hier als Zerrbild. Die Kannibalen symbolisieren die Gefahren des Unbekannten und die Furcht, diesem hilflos ausgeliefert zu sein. Eine verständliche Metapher, auch wenn sie nur wenige Sekunden der Laufzeit einnimmt. Allerdings gibt erst der Kontext dem zu dekonstruierenden Kannibalen-Stereotyp eine metaphorische Funktion. Für sich stehend wäre die Szene lediglich ein Comedy-Klischee.

6 Der aggressive und der kannibalische Wilde im Abenteuerfilm

Man wird häufig fragen müssen, inwiefern der Kannibale als abenteuerliches Motiv bewusst als nötiges Handlungselement eingesetzt wurde. Besonders im Abenteuerfilm[143] lassen sich zahlreiche Beispiele finden, in denen der Kannibale nicht notwendig gewesen wäre, aber wohl aus kanonischer Sorgfalt verarbeitet wurde. Exemplarisch genannt seien GWENDOLINE (GWENDOLINE, Frankreich 1984, Regie: Just Jaeckin), in dem aggressive Wilde in Gefangenschaft zu Kannibalismus neigen, BLUTGERICHT AM AMAZONAS (TREASURE OF THE AMAZON, Mexiko 1985, Regie: René Cardona Jr.), in welchem Kannibalen Randerscheinung eines Kopfjäger-Stammes sind[144] und RIVER OF DEATH – Fluß des Grauens (RIVER OF DEATH, USA 1989, Regie: Steve Carver), in welchem sich auf einer Dschungelexpedition zu Alt-Nazis auch Kannibalen gesellen. Alle Beispiele sind Abenteuer-Trash und Nischenfilme mit vielen Motivmischungen, bei denen der native Kannibale keine Relevanz für die Handlung hat. Diese Liste ließe sich beliebig erweitern. Stellvertretend und illustrativ sei jedoch BLUTGERICHT AM AMAZONAS kurz näher beleuchtet: Der Ver-

---

143 Motivvermischungen mit Robinsonaden, die ebenfalls der Kategorie Abenteuerfilm angehören, sind möglich. Auch Abenteuerkomödien, die überspitzte Stereotypen auf Cartoon-Basis vorweisen, oder auch die auf einem Comic basierenden zahlreichen Tarzan-Verfilmungen seien hier angemerkt, können jedoch nicht im Detail betrachtet werden. Im Grunde definiert sich der Abenteuerfilm aber durch eine Reise in fremde Länder aus vielfältigen Gründen (Schatzsuchen, Rettungsaktionen, Forschungsreisen etc.) und ist als Fortführung des Abenteuerromans zu verstehen. Komödiantische Elemente sind nicht ausgeschlossen. Durch die Vielfältigkeit der Vorlagen der Geschichte und auch der Motive zum Aufbruch in fremde Länder sind die Grenzen zwischen Abenteuerfilm und historisierendem Film hin und wieder fließend. Exemplarisch sei hierfür Herzogs AGUIRRE, DER ZORN GOTTES (AGUIRRE, DER ZORN GOTTES, Deutschland 1972, Regie: Werner Herzog) angeführt. Dieser Film trägt über weite Strecken einen pseudodokumentarischen und pseudohistorischen Duktus. In Form einer Tagebucherzählung und Reiseberichtzitation wird eine authentische historische Grundlage suggeriert. Auch die in Kapitel 10 besprochenen Filme können als Abenteuerfilme gewertet werden, da sie bisweilen gängige Abenteuerklischees bedienen und sich zumeist lediglich durch eine historisch verbürgte Quelle von bloßer Fiktion differenzieren lassen.

144 In ganz ähnlicher Weise treten die Kannibalen im italienischen Kannibalenfilm AMAZONIA – Kopfjagd im Regenwald (SCHIAVE BIANCHE: Violenza in Amazzonia, Italien 1985, Regie: Mario Gariazzo) auf.

gleich des Inhalts mit dem ursprünglichen Verleihtitel, DAS GEHEIMNIS DES BLAUEN DIAMANTEN, offenbart bereits die thematische Ausrichtung. Es handelt sich um einen rein exploitativen Abenteuerfilm, der den tödlichen Gefahren des Urwalds wesentlich mehr Aufmerksamkeit schenkt als der ernsthaften Suche nach den Diamanten. Auffallend ist, dass es allerhand explizite Enthauptungen durch Kopfjäger im Film gibt, dass die Kannibalen im Kontrast dazu jedoch zum einen unterrepräsentiert und zum anderen recht brav sind. Noch dazu sind sie optisch von den Kopfjägern kaum zu unterscheiden, ein Protagonist weist explizit darauf hin. Entsprechend wirkt die kurze Kannibalenepisode zusammenhangslos eingeschoben, um die Liste der im Dschungel drohenden Gefahren, derer sich die Protagonisten im Laufe des Films vielseitig erwehren müssen, zu komplettieren und ihr mit Kannibalen und Kopfjägern eine menschliche Note zu geben. Eine Funktion, die über einen Vollständigkeitsanspruch des Katalogs der Dschungelgefahren im Abenteuerfilm hinausgeht, haben sie nicht inne.

Es lässt sich der Eindruck nicht unterdrücken, dass der native Kannibale als zum Standard-Repertoire der Dschungelgefahren gehörend wahrgenommen wird, ähnlich dem obligatorischen Krokodil im Fluss, welches üblicherweise mindestens einen Expeditionsbegleiter verspeist. Ob die Filmemacher diese Erwartung beim Publikum voraussetzen oder ob sie zur sensationellen Steigerung der präsentierten Lebensgefahren den Kannibalen für unentbehrlich halten, ist dabei schwer feststellbar. Offensichtlich kommen aber nur wenige Abenteuerfilme im Urwald, völlig gleich ob am Amazonas, in der Karibik, in Afrika[145] oder auf Papua-Neuguinea, ohne ihn aus.

Dem Dschungel als Hort unzähliger Gefahren kommt hier eine andere Rolle zu als die Metapher für Exotik und Freiheit. Der Urwald ist im Abenteuerfilm eher ein grüner Käfig. Wer sich in ihm verirrt, ist gefangen. Somit ist bereits der Wald an sich Gefahr. Hierin liegt die Ambivalenz vom Paradies auf Erden und der grünen Hölle begründet. So spiegeln auch die Ureinwohner zwei kontrastierende Seiten wider. Was einerseits als primitiver Zustand empfunden wird, kann auch paradiesisches Gegenbild zu den Verdorbenheiten der zivilisierten Welt sein. Ein friedlicher Eingeborener macht sich nichts aus Geld und

145 Eine tiefergehende Untersuchung wert wäre die Frage, ob der US-amerikanische Abenteuerfilm den hier auftretenden Kannibalen als Fortführung der rassistischen Karikatur auf den Afroamerikaner nutzt, die unter anderem aus den Zeichentrickfilmen hervorging.

Gold, er ist zufrieden und lebt im Einklang mit der Natur.[146] Derartiges mit Kannibalismus kontrastiert verweist jedoch wieder auf die Gefahren, die von diesen Orten ausgehen. Dadurch wird die Stadt zur erstrebenswerten Anti-Idylle stilisiert. Sie ist der Ort, dem man entfliehen will, sie ist aber auch sicherer Platz vor den Schrecken des Dschungels.

Werner Herzogs im 16. Jahrhundert angesiedelter Abenteuerfilm AGUIRRE, DER ZORN GOTTES (AGUIRRE, DER ZORN GOTTES, Deutschland 1972, Regie: Werner Herzog) offenbart eine ganze Palette unterschiedlicher Formen indianischen Lebens im Urwald, die in der filmischen Aufbereitung abenteuerlicher Geschichten Anwendung fand. Eine Konquistadoren-Expedition mit peruanischen Sklaven im Gefolge bricht auf der Suche nach dem sagenumwobenen Eldorado[147] über die Anden ins Amazonasgebiet auf und folgt, einer Invertierung des Conrad-Stoffes gleich, dem Flusslauf hinab bis zur Amazonas-Mündung. Der Film zeigt hauptsächlich das Schicksal eines 40-Mann-starken Spähtrupps. Nebst der immanenten Gefahr durch den offenbar größenwahnsinnigen Aguirre (Klaus Kinski), der sich durch Meuterei zum Anführer aufgeschwungen hat, wirken unterschiedlichste Anrainerstämme von außen auf die Dezimierung der Gruppe ein. Überwiegend werden aus dem Dschungel heraus (Gift-)Pfeile verschossen und Speere geschleudert, wobei meist erst das Resultat, selten aber der Ursprung der Attacke zu sehen ist. Ob diese Angriffe aus Angst oder Feindseligkeit, zur prophylaktischen Abwehr oder zum bezweckten Verzehr der Eindringlinge geschehen, bleibt gänzlich ungeklärt. Dass Entlang des Flusslaufs nicht nur aggressive Wilde leben, wird jedoch in einer Szene angedeutet, in der ein Indianerpärchen den Kontakt zu den Konquistadoren sucht. Die ersten friedlichen Eingeborenen werden von den Spaniern wegen ihres Paganismus und ihres Unvermögens, das Wort Gottes zu vernehmen, getötet. Herzog entreißt aber nicht nur die friedlichen, von kindlicher Neugier getriebenen Eingeborenen der Intransparenz des Dschungels, er zeigt auch ein anderes Extrem. Einem Hüttenbrand am Ufer folgend, stoßen die Spanier auf ein Dorf. Es finden sich allerhand Indizien für ein kannibalisches Treiben, so beispielsweise blank gekochte Menschenschädel und ver-

---

146 Dies sind Vorstellungen, die seit der Entdeckung der Neuen Welt regelmäßig hervordrängen. Das „Goldene Zeitalter", weil frei von Gold, ist ein als paradiesisch empfundener Zustand. Vgl. Novaks Ausführungen zu Petrus Martyr. Novak (2001), S. 198f.

147 Bereits die einleitende Texttafel entlarvt Eldorado als Erfindung der Indianer.

rottende Leichen(-teile). Später passiert die verängstigt fliehende Gruppe ein weiteres Dorf, aus welchem laut des mitgeführten Dolmetschers in Erregung gerufen wird, dass Fleisch vorbeifahren würde. Zuletzt kommt es auch zu einer regelrecht kriegerischen Auseinandersetzung zwischen den Spaniern und einem Stamm. So bleibt zwar zu resümieren, dass Herzog eine ganze Bandbreite unterschiedlichster, nativer Lebensweisen offeriert, jedoch auch um jede dieser Formen ein exotisches Mysterium erzeugt, das lediglich perspektivisch von ortsfremden, verängstigten und teils im Fieberwahn agierenden Spaniern wahrgenommen wird. Eine konkrete Thematisierung der Nativen wird nicht angestrebt, da sie für die erzählte Geschichte um Imperialismus und nur allzu menschlichen Wahnsinn in der grünen Hölle nicht notwendig ist. Zur Illustration einer Bedrohung über die Kräfte der Natur hinaus genügt die allgegenwärtige Feindseligkeit des unerforschten Landes vollkommen. Das Sittengemälde bezieht sich hier ausschließlich auf die Eroberer.

Die häufig inszenierte native Aggressivität ohne erkennbaren Grund muss nicht zwingend auch einen kannibalischen Hintergrund haben. Jedoch wird sie mit ähnlichen Attributen zum Ausdruck gebracht und erscheint somit in engem Zusammenhang. Erst der filmische Kontext oder eine explizite Benennung kann Aufschluss darüber geben, ob die Eingeborenen lediglich gewaltbereit oder auch kannibalisch veranlagt sind, sofern diese Differenzierung für die Geschichte notwendig ist. Als Abenteuerkomödie wäre ACE VENTURA - Jetzt wird's wild (ACE VENTURA: When Nature Calls, USA 1995, Regie: Steve Oedekerk) hierfür exemplarisch anzuführen. Die kriegerischen Wachootoo sind als ein blutrünstiger Stamm auch im Kontext von menschlichen Schädeln auf Pfählen inszeniert. Durch das Fehlen aller übrigen kannibalischen Attribute sind diese allerdings als Trophäen zu deuten. Hier kann die Vermutung gewagt werden, dass eine (Abenteuer-)Komödie ihren Kannibalen verbal benennen oder zumindest eine Fülle an Attributen vorweisen muss, damit er als solcher erkannt werden kann.

So es sich im Abenteuerfilm um Kannibalen handelt, scheinen diese vielfältigen Motivtraditionen zu entspringen und bedarfsorientiert umgedeutet oder überspitzt übernommen worden zu sein. Je nach Ausrichtung und Grad der angestrebten Ernsthaftigkeit finden sich ebenso fortgeschriebene Attribute aus dem Kanon der Cartoon- und Comedy-Kannibalen wie auch eigenständige Interpretationen, die auf einen Abenteuerroman oder eine ethnologische Überspitzung zurückzuführen sind.

Auch Zeitgeist kann zum Einfügen eines Kannibalenmotivs führen, wenn eine Vorlage dieses nicht diktiert. Auffallend ist beispielsweise, dass eine Neuverfilmung des Quatermain-Stoffes, auf Basis der Romanreihe des englischen Schriftstellers Henry Rider Haggard, einen Kannibalenstamm beinhaltet, obwohl die Filmvorlage von 1937 und die gleichnamige Neuverfilmung von 1950 keinen kennt. In KING SOLOMON'S MINES (KING SOLOMON'S MINES, USA 1937, Regie: Robert Stevenson) sind lediglich einige Schädel an einem verdorrten Strauch im Kontext eines nativen, afrikanischen Dorfes zu erkennen. Dies ist allerdings mangels weiterführender Attribute als Trophäenbaum zu deuten. In QUATERMAIN - Auf der Suche nach dem Schatz der Könige (KING SOLOMON'S MINE, USA 1985, Regie: J. Lee Thompson) wird die Geschichte um den Abenteurer Alan Quatermain (Richard Chamberlain) um einen völlig neuen Stamm ergänzt,[148] der seine kannibalischen Neigungen höchst überspitzt nach außen trägt, vermutlich um einen höheren Gehalt an Action, Dramatik und Spannung zu erzeugen.[149] Immerhin musste anno 1985 mit zwei Teilen der INDIANA JONES-Reihe konkurriert werden.[150] Die völlige Übertreibung kannibalischer Attribute manifestiert sich in einem riesigen, viele Meter hohen Kessel, vor dem ein Sprungbrett aufgebaut wurde. Die Helden können darin sogar schwimmen. Dies ist die finale Überhöhung des Kessel-Motivs, welches sich bis in den Zeichentrickfilm

148 Der Stamm umfasst offenbar tausende Menschen. Eine bis an den Horizont reichende Menschenmasse fand sich auch schon in der Komödie DER WEG NACH SANSIBAR, was abermals Motivtraditionen offenbart. Bedenklich ist, dass das gesamte Volk in einer späteren Einstellung durch deutsche Maschinengewehre getötet wird. Hier wird ein Genozid verübt, der im Film zu einer Randbemerkung verkommt. Somit ist nicht nur der native Stamm als Cartoon-Klischee ohne ethnologische Nähe entblößt, sondern auch mit einem kolonialen Stigma versehen, das Ermordung rechtfertigt.

149 Für den 2004 erschienenen TV-Zweiteiler QUATERMAIN UND DER SCHATZ DES KÖNIG SALOMON (KING SOLOMON'S MINES, USA 2004, Regie: Steve Boyum) wurde der zusätzliche Kannibalenstamm als Motiv wieder aufgegeben.

150 JÄGER DES VERLORENEN SCHATZES (RAIDERS OF THE LOST ARK, USA 1981, Regie: Steven Spielberg) und INDIANA JONES UND DER TEMPEL DES TODES (INDIANA JONES AND THE TEMPLE OF DOOM, USA 1984, Regie: Steven Spielberg). Interessant ist, dass der Abenteurer Indiana Jones (Harrison Ford) nie auf Kannibalen als Sinnbild von Bedrohung im Exotischen stieß. Jedoch ist im vierten Teil der Reihe, INDIANA JONES UND DAS KÖNIGREICH DES KRISTALLSCHÄDELS (INDIANA JONES AND THE KINGDOM OF THE CRYSTAL SKULL, USA 2008, Regie: Steven Spielberg), zumindest ein aggressiver, nativer Stamm inszeniert worden.

der frühen dreißiger Jahre zurückverfolgen lässt. So findet sich ein Kessel mit Sprungbrett bereits im Cartoon MICKEY'S MAN FRIDAY.

Dass das Abenteuer nicht an den Begriff *Zivilisation* und den entsprechenden Gegenentwurf gekoppelt sein muss, legte Jean-Jacques Annaud dar. Es sei darum auf seinen Film verwiesen, der dem Dschungel und der Zivilisation - sogar unserer Zeit - entrückt ist und dennoch Kannibalen beinhaltet. AM ANFANG WAR DAS FEUER (LA GUERRE DE FEU, Frankreich/Kanada/USA 1981, Regie: Jean-Jacques Annaud) reflektiert bereits 1981 den Kannibalismus unter steinzeitlichen Menschen, was ein gängiges, von Anthropologen vorgebrachtes Gegenargument im Kannibalen-Mythos-Diskurs darstellt.

Auf der Suche nach Feuer, welches dem Neandertaler-Stamm der Ulam bei Auseinandersetzungen mit einer primitiveren Menschenaffenart erloschen ist, stoßen drei entsandte Krieger auf eine ausgebrannte Feuerstelle. An dieser findet einer (Ron Perlman) etwas Fleisch, über das er sich ausgehungert hermacht. Die übrigen entdecken in der Asche einen Schädel. Der Mimik der Neandertaler ist unschwer zu entnehmen, dass ihnen die Bedeutung des Fundstücks bewusst ist. Dass sie nicht davon ausgehen eine Begräbnis- oder Ritualstätte gefunden zu haben, sondern dass diesem Fund ein kannibalischer Akt zu Grunde liegt verdeutlicht die Reaktion des essenden Kriegers. Dieser spuckt angewidert den Fleischbrocken aus und schleudert den Knochen von sich.[151] Auffallend ist hieran, dass sie Kannibalismus kennen und verabscheuen. Der kannibalische Stamm, auf den sie wenig später treffen, fällt allerdings keineswegs animalischer aus als sie selbst. Sie sind von Annaud nicht zu reißenden Bestien überzeichnet worden, sondern sind lediglich ein nomadischer Stamm mit Anthropophagie als Lebens- und Ernährungsgewohnheit. Ein normales, vormenschliches und vor-zivilisiertes Phänomen.

In Vorbereitung auf die Zuspitzung der filmischen Umsetzung von Anthropophagie sei hier abschließend auf zwei Vorbilder der später folgenden italienischen Filme verwiesen. Beide sind zwar Abenteuerfilme, jedoch frei von Dschungel und Kannibalen. Zum einen ist dies der US-amerikanische Western DER MANN, DEN SIE PFERD NANNTEN (A MAN CALLED HORSE, USA 1970, Regie: Elliot

---

151 Annaud belässt es aber nicht bei vorsichtigen Hinweisen auf praktizierten Kannibalismus, er zeigt auch den Stamm und den Verzehr sehr deutlich. Die drei Krieger folgen den Kannibalen. Dabei entdecken sie, dass die Menschenfresser Gefangene mit sich führen und sie aus Gründen der Frischhaltung nur Stück für Stück verzehren. Einem der Gefangenen fehlt ein Arm, die Wunde ist frisch. Eben diese Gliedmaße wird am Feuer verzehrt.

Silverstein). In diesem wird der Engländer John Morgen (Richard Harris) in der Prärie von Lakota-Sioux-Indianern gefangengenommen. Mangels der Möglichkeit zur Flucht passt er sich den Indianern an, durchdringt und versteht ihre Kultur und wird schließlich, nach martialischen Aufnahmeritualen, einer von ihnen. Parallelen zu den Chroniken des Hans Staden und Cabeza de Vaca sind hier auffallend.

Der zweite Film in diesem Korpus ist DER TODESMUTIGE (THE NAKED PREY, Südafrika/USA 1966, Regie: Cornel Wilde).[152] Dieser scheint sowohl im Aufbau als auch im Einsatz einiger Stilmittel, hier speziell der realen, dokumentarischen Tiertötungen und Mutilationen, als spätere Schablone zu dienen. Nebst der verzweifelten Flucht vor Ureinwohnern spielt die Verbildlichung des Prinzips „Fressen und Gefressenwerden" durch regelmäßig in den laufenden Film eingeschobene dokumentarische Tieraufnahmen eine wichtige Rolle. Diese Sequenzen sind Metaphern für die Handlung im selben Zeitfenster. Zu einem Zeitpunkt absolut ungebrochener, „weißer Macht" und Überheblichkeit auf dem Schwarzen Kontinent bekommt der Zuschauer eine beeindruckende und zugleich bedrückende Elefantenjagd präsentiert, ein bildlicher Beweis für die Dominanz der Europäer über Land und Natur. Während der späteren Flucht des Protagonisten sind die Zwischensequenzen von Jagdszenen dominiert, in denen die Überlegenheit des Jägers einer exotischen Kreatur zufällt, meist einer Raubkatze (mit deren Fellen sich auch die Stammes-Jäger schmücken). Jedoch sind die Menschenjäger sowohl im Kontrast zu den vorangestellten Großwildjägern als auch zu ihrem metaphorischen Pendant

---

152 Der Regisseur und Produzent mimt zusätzlich den Hauptdarsteller, im Vorspann als „the man" bezeichnet. Dieser führt im 19. Jahrhundert zwei Großwildjäger auf Safari. Als Eingeborene einen Wegzoll fordern, werden sie durch die Jäger gedemütigt. Die Konsequenz folgt in Form eines Überraschungsangriffs und die Überlebenden werden zur Hinrichtung in das Dorf des Stammes verschleppt. Zwei der Tötungen erinnern an Zeremoniebestandteile von rituellem Kannibalismus. Zum einen wird ein Träger auf eine Art hingerichtet, die durch de Brys Illustrationen des Hans Staden-Berichts nur allzu bekannt ist. Er wird an den Armen fixiert, während der Henker ihm mit einer Keule den Schädel zertrümmert. Zum anderen findet einer der Jäger auf besonders perfide Art den Tod. Dieser Tötung könnte anschließende Verzehrabsicht unterstellt werden, sie erinnert aber doch auch an die Hinrichtung mit dem bronzenen Stier, der aus der Zeit des griechischen Tyrannen Phalaris bekannt ist. Der Jäger wird um einen Stab gefesselt. Alle Körperöffnungen werden mit Zweigen verschlossen und ein Holzrohr wird im Mund angebracht, um die Atmung zu gewährleisten. Anschließend wird er in rotem Ton verpackt und bei lebendigem Leib auf einem Feuer gar gekocht.

aus den eingeschobenen Dokumentaraufnahmen nicht gänzlich unmenschlich oder gar blutrünstig inszeniert. Dass sie auch Pausen einlegen und offenbar nicht immer motiviert zur Jagd sind, lässt sie menschlich erscheinen und klassifiziert die Jagd eher als rituelle Handlung denn als Notwendigkeit zum Nahrungserwerb oder als anthropophage Triebbefriedigung. Und auch längst nicht jeder Jäger scheint vom Sinn der Menschenhatz überzeugt. Diese vorsichtige Differenzierung wird es in den Genrefilmen, denen diese Produktion als Schablone dient, nicht mehr geben. Und auch die metaphorische Funktion der Tierszenen geht dem italienischen Kannibalenfilm später häufig verloren.

Mit DER TODESMUTIGE liegt der Motiv-Katalog aller stilprägenden Elemente und somit eine Zäsur vor, die wenig später ein stark kritisiertes Genre hervorbringt. Das Abenteuerliche der Geschichte steht hier aber trotz aller Drastik im Vordergrund. Des Weiteren erwartet der Zuschauer vor allem noch den Sieg des Helden, der unschuldig, gutmütig und wohlgesonnen ist und sich auf seiner letzten Safaritour befand, bevor er sich zur Ruhe setzen wollte. Einer der Jäger bot ihm sogar einen Einstieg in den lukrativen Sklavenhandel an, was der Held lächelnd ausschlug. Er ist nicht habgierig, er will lediglich in Frieden leben.

7 Weniger Dschungel, mehr Fleisch: Der Zombie als kannibalische Metapher

Im Herbst des Jahres 1968 erreichte ein aufsehenerregender Tabubruch die US-amerikanischen Kinoleinwände.[153] Dieser ist auch die Initialzündung für eine wesentlich härtere Inszenierung des menschenfressenden Wilden im Film gewesen, der sich seitdem nicht mehr auf Andeutungen und Attribute beschränken muss, sondern das Verspeisen eines Menschen durch einen anderen Menschen explizit visualisieren kann. In George A. Romeros DIE NACHT DER LEBENDEN TOTEN (NIGHT OF THE LIVING DEAD, USA 1968, Regie: George A. Romero)[154] ist erstmals der Verzehr eines, durch den Kontext als menschlicher Überrest erkennbaren, Stückes Fleisch durch ein menschenähnliches Monstrum dargestellt worden. Aus dem filmischen Zusammenhang gelöst würde diese Szene einen eindeutig kannibalischen Akt zeigen, der an eine gescheiterte Flucht zweier Menschen anschließt. Hiermit überschritt Romero die Grenze zur visuellen Inszenierung von Anthropophagie, wobei differenziert werden müsste, inwiefern der Zombie[155] noch als menschlich betrachtetet werden kann. Wird er als eigenständige, lediglich menschenähnliche Art erkannt, kann kein Kannibalismus vorgeworfen werden.[156]

153 Dies gilt für das hier besprochene Thema. In den sechziger und siebziger Jahren lässt sich eine allgemeine Tendenz zur Drastik im Horrorfilm feststellen. Als Initiator dieser stetigen Steigerungen sei Herschell Gordon Lewis genannt, dessen Filme seit den frühen 1960er-Jahren immer neue moralische Grenzen und Hürden überschritten.

154 Eine vertiefende Analyse findet sich u. a. bei *Seeßlen, Georg*: George A. Romero und seine Filme, Bellheim 2010, S. 91-99.

155 Brinckmann sieht den Zombie als Karikatur, durch steifen und langsamen Gang dem menschlichen Ursprung entrückt. Durch die konkrete, visuelle Ausformung des Fressvorgangs sieht sie die Illusion kippen, da der Rezipient in die Sicherheit einer Special-Effects-Analyse flüchten könne. Dadurch verliere das Motiv an Grauen, vgl. Brinckmann (2001), S. 86. Aus heutiger Perspektive mag das zutreffen, aber dass die zeitgenössischen Kinobesucher sich in dieser Sicherheit wähnten, kann bezweifelt werden.

156 „(…) durch ihre äußere Gestalt Teil der Menschheit - vor allem, wenn Schauspieler sie verkörpern -, durch ihre Vorgeschichte jedoch jenseits von ihr zu veranschlagen, da sie bereits gestorben und nicht mehr verpflichtet sind, sich wie Menschen zu benehmen. So kann man darüber streiten, ob Untote sich überhaupt als Kannibalen qualifizieren, auch wenn sie entsprechende Ängste auslösen. (Dass sie ihre eigentlichen Artgenossen ver-

Die Radikalisierung des Zombiefilms ist der Radikalisierung des Kannibalen vorgeschaltet. Das Zombie-Motiv wurde aus der exotisch-schwarzmagischen Voodoo-Thematik gelöst, wie sie durch Filme wie WHITE ZOMBIE (WHITE ZOMBIE, USA 1932, Regie: Victor Halperin) mit Bela Lugosi oder auch ICH FOLGTE EINEM ZOMBIE (I WALKED WITH A ZOMBIE, USA 1943, Regie: Jacques Tourneur) lange Zeit präsent war,[157] und in unsere direkte Nachbarschaft verlegt. Der Zombie ist nun kein magisch-vernebelter Arbeitssklave mehr, sondern ein von den Toten auferstandenes, menschenähnliches Ungeheuer mit instinktivem Hunger nach rohem Menschenfleisch - quasi ein untoter Kannibale. Weiterhin ist der Ursprung für die Wiederauferstehung keine Magie mehr, die von einem Hexenmeister herbeigeführt wird, sondern eine Form von Krankheit unterschiedlichster Ursachen. Der Krankheitscharakter ist hierbei durch die Infektion und epidemische Weitergabe an Andere gegeben. Seit DIE NACHT DER LEBENDEN TOTEN lautet die Formel: „(...) kein Voodoo, kein Haiti, keine Hexerei - sprich: keine Metaphysik, kein Exotismus, keine vormodernen Wissensformen."[158]

Der wenig später anschließende Kannibalenfilm greift die Exotik wieder auf und lässt das Element des Wiederauferstehens fallen. Im Kern bleiben es aber nahezu identische Motive. Ein roher, unzivilisierter Kannibale (dunkle Hautfarbe ersetzt von Erde beschmutzte Kleidung) wird als Gegenentwurf zum aufgeklärten Großstädter inszeniert. Es wird - wie im Folgenden noch zu zeigen ist - ein grundlegender Mo-

---

schonen, macht die Dinge noch komplizierter. (...))" Brinckmann (2001), S. 84.

157 Für einen detaillierten Überblick zum Voodoo-Zombie und seiner filmischen Rezeption vgl. *Russel, James*: Book of the Dead. The complete History of Zombie Cinema, (4. Aufl.) Godalming, Surrey 2008, S. 9-50 und einführend Seeßlen (2010), S. 253-266.

158 *Fritz, Jochen*: Der Zombie im Zeitalter seiner technischen Reproduzierbarkeit. In: *Ders.; Stewart, Neil (Hrsg.)*: Das schlechte Gewissen der Moderne. Kulturtheorie und Gewaltdarstellung in Literatur und Film nach 1968, Köln 2006, S. 77-98, hier S. 78. Der ethnologischen Betrachtung der Verbreitung und Ursachen von Voodoo auf Haiti wohnt interessanterweise ebenfalls wieder der Kontrast von Zivilisation und Wildnis inne, was auch die Sorge um und Angst vor einer organisierten Gesellschaft außerhalb der eigenen mit einschließt, vgl. ebd., S. 83-86. Da der Voodoo-Zombie erst durch eine Droge als ebensolcher hervortritt und somit die apokalyptische Epidemie nicht erklärbar wäre, funktioniert er für den Horrorfilm nur noch bedingt. Zuletzt wurde die Inszenierung des seelenlosen Voodoo-Sklaven von Wes Craven aufgegriffen: DIE SCHLANGE IM REGENBOGEN (THE SERPENT AND THE RAINBOW, USA 1988, Regie: Wes Craven), vgl. ebd., S. 88.

tivwandel erkennbar. Der Native erscheint jeglichen Kulturformen entrückt und wird bedeutend primitiver inszeniert, seit Anthropophagie auch bedeutend drastischer inszeniert werden kann. Er ist in Art und Darstellung dem hier besprochenen Filmmonstrum angeglichen und wesentlich primitiver dargestellt worden. Dies äußert sich auch dadurch, dass seine Attribute zur Visualisierung der drohenden Gefahr nicht mehr notwendig sind und nahezu komplett von der Leinwand getilgt werden. Dies mag darauf zurückzuführen sein, dass der Akt des Fressens inszeniert wird und als Hinweis auf Herkunft und Neigung der Ureinwohner ausreicht.

Romeros Werk stellt eine entscheidende Zäsur dar und macht den expliziten Kannibalismus für den Horrorfilm erst zugänglich. Da der Mensch den Menschen im Film nicht sichtbar verspeisen konnte, ging die visualisierte kannibalische Metapher den Umweg über den Tod. Erst der verstorbene Mensch, der die speziesdefinierende Grenze doppelt überschreitet - er stirbt und kehrt zurück - kann den Menschen über die Attacke hinaus auch sichtbar fressen. Nachdem dieser Schritt gegangen war, konnte der Umweg über den Tod wieder aufgegeben werden. Dadurch, dass der Kannibalismus dann aber wieder in den Dschungel zurück transferiert wird, verliert er viel von der metaphorischen Kraft, die ihm Romero verlieh. Während Letzterer eine apokalyptische Welt zeigt, in der sich einerseits die kapitalistische Gesellschaft buchstäblich selbst frisst und andererseits eine revolutionäre Bewegung gegen die Elterngeneration anfangs erfolgreich ist, letztlich aber mangels Nahrung doch im Hungertod enden wird,[159] zeigt das Kannibalenfilm-Genre überwiegend und schlicht nur Kannibalen. Diese können jedoch sporadisch unterschiedliche Reaktionen der auf sie treffenden Pro- bzw. Antagonisten (die Übergänge können fließend sein) hervorrufen/provozieren bzw. als Projektionsfläche (niederer) menschlicher Instinkte und Beweggründe dienen, die ihrerseits als zivilisations- und kapitalismuskritische Metaphern interpretiert werden können. Wie schwierig sich diese Gratwanderung jedoch mit rassistisch überhöhten Motiven gestaltet, wird im Folgenden noch zu zeigen sein.

159 Romero eröffnete mit seiner Zombievariation aber weit mehr Spiel- und Interpretationsmöglichkeiten, auch für nachfolgende Regisseure. Die eigentlich leere Hülle der Zombies wird je nach Kontext Projektionsfläche für gesellschaftskritische Metaphern.

8 Der dokumentarische Blick auf die kannibalische Welt[160]

8.1 Frühe Einblicke in Kochtöpfe

Das frühe Non-Fiction-Kino ist als Erweiterung der seit den ersten Jahrzehnten des neunzehnten Jahrhunderts sehr beliebten bebilderten Reisevorträge zu verstehen. Das Filmmaterial löste die Lichtbilder der Laterna Magica ab, wurde durch Zwischentitel gegliedert und teils musikalisch unterlegt. Besonders die Frühphase behält mangels Tonfilm den begleitenden Vortrag bei.[161] Vortrag und Bild sind an den Wünschen des Publikums orientiert und gleichermaßen einer argumentativen und perspektivischen Struktur unterworfen, welche diskursive Zusammenhänge herstellt. Thematisch aufgegriffen wurde nahezu alles, was Sehnsüchte befriedigte und somit durch Attraktionen Geld einspielte.[162] Es wird zumindest vorgegeben, dass das Gezeigte unabhängig vom Akt des Filmens sei: Es sei bereits vorher vorhanden und würde auch ohne Kamera stattfinden. Der dokumentarische Blick ist eine Nachahmung des neugierigen Schauens und

---

160 Zwar ist die Perspektivität einer Dokumentation und der damit einhergehende Grad an Inszenierung, an thematischer Selektion und die suggestive Kombination mit einem Off-Kommentar ein so weites Feld, dass dieses Thema eine eigene umfangreiche Arbeit füllen müsste, dennoch soll der dokumentarische Blick auf den wilden Kannibalen zumindest kurz in den Fokus gerückt werden. Gründe hierfür sind zum einen bei älteren Attraktionsfilmen die mögliche Teilhabe an der Formung eines motivischen Vorbilds, welches in den Spiel- und Animationsfilm übernommen wurde, zum anderen gilt die Zeit der sogenannten *Mondo*-Dokumentationen auch als Inspirationsquell des kurzlebigen Kannibalenfilmgenres. Darum sollte hier zumindest die Aufmerksamkeit darauf gerichtet werden.

161 *Gunning, Tom*: Vor dem Dokumentarfilm. Frühe *non-fiction*-Filme und die Ästhetik der »*Ansicht*«. In: KINtop 4 (1995), Anfänge des dokumentarischen Films, S. 111-121, hier S. 118. Der frühe Dokumentarfilm zeichne sich durch ein recht statisches Bild aus und „(…) kontrastiert auffallend mit der dynamischen Entwicklung in der Spielfilmproduktion (…)." Ebd., S. 113.

162 Vgl. *Musser, Charles*: Der frühe Dokumentarfilm. In: *Nowell-Smith, Geoffrey (Hrsg.)*: Geschichte des internationalen Films, Stuttgart, Weimar 1998 A, S. 80-88, hier S. 80f. Gunning nennt den frühen Dokumentarfilm „Kino der Attraktionen" und meint „(…) die Betonung der Zurschaustellung und die Befriedigung der Schaulust." Ebd., S. 114. Erst durch die spätere Montage, durch das Einfügen von Zwischentiteln etc., werde aus dem perspektivischen Bildmaterial ein Dokumentarfilm, vgl. ebd., S. 118.

Beobachtens, stellvertretend für das Publikum vor Ort.[163] Voyeurismus ist die Antriebskraft des Filmenden sowie des späteren Betrachters. Wobei Letzterer den perspektivischen Blick des Filmschaffenden konsumiert. Dieser ist gerade in der Frühphase auch ideologisch geprägt und erfüllt propagandistische Zwecke im Bezug auf die Kolonialpolitik. Gunning erkennt im frühen Dokumentarfilm „(...) ein ganzes Vokabular kolonialistischen und sexistischen Schauens (...), eingebettet in das faszinierende Spiel mit dem listigen, enthüllten und enthüllenden Blick."[164]

Grundsätzlich sind die frühen Beiträge mit Blick auf die exotische Welt als eine Art verfilmte Reiseberichte zu verstehen. Sie schildern viel eher Erlebnisse und Erfahrungen weißer Protagonisten auf ihren abenteuerlichen Entdeckertouren, als einen versucht objektiven Blick auf fremde Kulturen ermöglichen zu wollen. „1918 brachte Martin E. Johnson, der seine Karriere mit Lichtbilder-Vorträgen begonnen hatte und zusammen mit seiner Frau Osa exotische Länder für entsprechende Berichte bereiste, seinen Dokumentarfilm AMONG THE CANNIBAL ISLES OF THE SOUTH PACIFIC heraus (...)."[165] Hiermit erwies sich das Johnson-Ehepaar als Vorreiter und Wegbereiter des dokumentarischen Abenteuerberichts und blieb bis weit in die dreißiger Jahre hinein sehr gefragt.

Luis Buñuel übte 1932 mit LAS HURDES - Land ohne Brot (LAS HURDES - Tierra Sin Pan, Spanien 1932, Regie: Luis Buñuel) massive Kritik an den Vorgehensweisen der Dokumentarfilmer des Reise- und

163 Vgl. ebd., S. 114.

164 Ebd., S. 117.

165 Musser (1998) A, S. 84. Die kurze Dokumentation CANNIBALS OF THE SOUTH SEA ISLANDS (CANNIBALS OF THE SOUTH SEA ISLANDS, USA, datiert auf 1918, Regie: wahrscheinlich Martin E. Johnson) scheint ein Fragment daraus zu sein, wurde aber als eigenständiger Bericht mit einem Titel und einer Schlusstafel aufbereitet. Sie dokumentiert einen nativen Stamm. Eine Einstellung zeigt ein Neugeborenes, dessen Kopf einbandagiert ist, um den weichen Schädelknochen zu verformen und zu strecken. Umgehend kommentiert dies ein zynischer Zwischentitel, bevor das Ergebnis an älteren Kindern und Erwachsenen vorgeführt wird. „The idea may be to make a little brains go a long way." Die Zwischentitel befinden sich nicht völlig auf schwarzem Grund, sondern in einem Kasten vor einer idyllischen Sonnenuntergangskulisse. Von Kannibalismus wird allerdings nichts berichtet, der Titel des Beitrags ist offenbar nur sensationsversprechender Aufhänger. Was im begleitenden Vortrag erklärt wurde, ist allerdings nicht bekannt.

Abenteuergenres.[166] Das Maß an Inszenierung muss in dieser Zeit offenbar auffällig hoch gewesen sein. Zu Beginn der dreißiger Jahre ist aber insgesamt auch eine aufkeimende ethnografische Motivation mit einhergehender Distanzierung von diesen Beiträgen festzustellen.[167] Hier kann die Zäsur für den Beginn eines seriösen Dokumentarfilms im Bezug auf fremde und exotische Völker gesetzt werden.[168] Die voyeuristische und populistische Kehrseite des Genres bleibt aber erhalten und erfreut sich großer Nachfrage. Hier ist und bleibt alles auf Attraktion und Befriedigung voyeuristischer Gier ausgerichtet. Der Tonfilm ermöglicht zusätzlich eine musikalische Dramatisierung. Beispielsweise attestiert Musser dem Film CONGORILLA (CONGORILLA, USA 1932, Regie: Martin Johnson, Osa Johnson), der bereits einleitend mit dem Garten Eden, Ur-Monstern und primitiven Völkern wirbt, westliche Arroganz, ein amerikanisches Rassenbild und fragwürdigen Humor, kontrastiert mit der attraktiven Osa im gefährlichen Afrika-Abenteuer.[169] Bezeichnend für diesen Attraktionsfilm mit Protagonisten anstelle eines ethnologischen Dokumentarfilms ist bereits die Titel-Texttafel: Mr. & Mrs. Martin Johnson in CONGORILLA. Adventures among the Big Apes and Little People of Central Africa. „Die Anwesenheit von Osa Johnson lieferte das notwendige Element der Verwundbarkeit und Bedrohung, auch wenn der »Schwarze Kontinent« erfolgreich kolonialisiert und gezähmt wurde.“[170] Wo dem Ehepaar Johnson aber noch Entdeckerdrang und Abenteuerlust unterstellt werden konnten, schwindet andernorts der Versuch gelenkter Dokumentation zu Gunsten der Schauwerte von Grausamkeit und Nacktheit in Kombination mit einem rassedefinierenden Duktus. Hierfür seien die Berichte GOW THE KILLER (GOW THE KILLER, USA 1931, Regie:

166 „Er übernimmt in dem Film die Rolle des angeblich intellektuellen Kommentators, der in seiner Dokumentation über die »primitiven« Hurdanos eifrigst darum bemüht ist, seine kulturelle Überlegenheit herauszustellen.“ *Musser, Charles*: Der Dokumentarfilm. In: *Nowell-Smith, Geoffrey (Hrsg.)*: Geschichte des internationalen Films, Stuttgart, Weimar 1998 B, S. 290-301, hier S. 291. Die dokumentierte Reisegruppe verschlimmert durch Anwesenheit, Neugier und auch unterlassene Hilfe die Situation der Einheimischen, was den Rezipienten zur Analyse zwingt und kritischere Haltungen provoziert, vgl. ebd., S. 291.

167 Ebd., S. 291.

168 Auf den österreichischen Anthropologen Rudolf Pöch sei hier lediglich verwiesen, der wohl schon im ersten Jahrzehnt des vergangenen Jahrhunderts bemerkenswerte anthropologische Aufnahmen abgeliefert hatte.

169 Vgl. Musser (1998) B, S. 291.

170 Ebd., S. 291.

Edward A. Salisbury) und FIJI AND SAMOA, THE CANNIBAL ISLES (FIJI AND SAMOA, THE CANNIBAL ISLES, USA 1933, Regie: James A. FitzPatrick) als Beispiele angeführt.

Während seit der Nachkriegszeit auch eine seriöse Tendenz erkennbar wird,[171] bleibt der dokumentarische Abenteuerfilm als Parallele bestehen und bewahrt sich die Ausrichtung auf native Sensationen (Nacktheit, Kopfjagd und Kannibalismus). Die Filme werden schließlich auch sensationsbezogen vermarktet und locken äquivalent zur Werbung für einen Zirkus oder Jahrmarkt mit der exotischen Attraktion.[172] CANNIBAL ISLAND (CANNIBAL ISLAND, USA 1956, Real pictures of california) sei hierfür abschließend angeführt. Der Film besteht aus Aufnahmen höchst unterschiedlicher Qualität und sichtbar unterschiedlichen Alters. Offenbar handelt es sich lediglich um eine Neuorganisation wesentlich älteren Bildmaterials. In Fortführung der älteren Erzählstrukturen wird hier streng darauf geachtet, dass zwischen weiß und schwarz, zivilisiert und primitiv unterschieden wird. Ausführlich einleitende Texttafeln stellen hier die Bedeutung des Teleobjektivs heraus und suggerieren so dennoch Authentizität. Es bleibt jedoch ein Reisebericht mit einem Ich-Erzähler und sensationsgeleiteter, höchst rassistischer Narration. Auffallend ist, dass nebst Verweisen auf Sodomie und Berichten von Kopfjagden der Beleg für Menschenfresserei lediglich verbal geäußert wird. Auch hält sich dieser Film noch mit drastischen Details zurück und beschränkt sich auf das Beschreiben und Andeuten. Wenige Jahre später wird in Fortführung dieser Grund-

---

171 „In der Nachkriegszeit begann eine neue Ära ethnografischen Filmschaffens, als sich akademisch-ausgebildete Anthropologen dem Dokumentarfilm zuwandten." Musser (1998) B, S. 300.

172 Der Produzent David Frank Friedman berichtet beispielsweise im Interview mit Keßler von Kroger Babb, der sein Handwerk auf Jahrmärkten gelernt und daraus im Filmgeschäft Kapital geschlagen hätte. Die Tagline und das Posterdesign der „Shockumentary" KARAMOJA (KARAMOJA, USA 1954, Regie: William B. Treutle) geht auf ihn zurück, vgl. Keßler (2011), Interview Dave Friedman, S. 20-30, hierfür speziell S. 21. „Mit dem Wunder der Düsenluftfahrt ist Afrika nur Stunden entfernt - treffen sie ihre neuen Nachbarn!" Ebd., S. 21. Wesentlich erhellender ist der komplette Werbetext: „With the advent of jet air travel, Africa is only hours away. MEET YOUR NEW NEIGHBOURS! ...See Primitive Passion! See them drain the hot blood of their beasts and drink it down! See young men „coming of age", their front teeth knocked out with stones! See heretofore never-witnessed Rites of Human Mutilation dating from the Dawn of Civilization! See it all! Uncut! Uncensored! Unclothes! Unashamed!" One-sheet copy, Karamoja, 1946, zitiert nach Brottman (2001), S. 75.

struktur jedoch die Grenze überschritten. Vorreiter sollten dabei italienische Filmemacher sein.

8.2 Der *Mondo*-Schock[173]

Der 1962 erschienene MONDO CANE (MONDO CANE, Italien 1962, Regie: Gualtiero Jacopetti, Franco Prosperi, Paolo Cavara) bezeichnet einerseits den Grundstein eines neuen pseudo-dokumentarischen Genres, andererseits auch den Namensgeber.[174] Die Italiener Jacopetti, Prosperi und Cavara verarbeiteten hierfür im dokumentarischen Gewand Szenen aus der „zivilisierten" Nachbarschaft und aus entlegenen Winkeln der Erde. Diese waren zum Teil authentisch, teils aber auch nachgestellt und lediglich durch den Off-Kommentar als echte Aufnahmen gekennzeichnet. Durch die Montage illustrieren sie eine gespaltene Welt zwischen Schönheit und Abscheu in aufrüttelndem Duktus, der den Rezipienten oftmals auch emotional ergreift. Die korrelate Schnittweise dürfte dies ebenso begünstigt haben wie die kaum zuvor dagewesene Drastik einiger Szenen menschlicher Gräueltaten, Abscheulichkeiten und Tierquälereien. Dies stellte ein erfolgreiches Konzept dar, wie sich herausstellen sollte, das innerhalb kürzester Zeit vielfach reproduziert und nachgeahmt wurde. Hierbei wurde die Menge an als real verkaufter Gräuel und bis zum Ekel ausgereizter Szenen stetig gesteigert und in sensationsbezogenen Aufhängern verpackt.

---

173 Vgl. hierfür in Umfang und Ausführlichkeit elementar und bisher einzigartig *Goodall, Mark*: Sweet & Savage. The world through the shockumentary film lens, London 2006.

174 *Mondo* ist das italienische Wort für *Welt*. Der Begriff *Mondo-Film* ergänzte den der *Shockumentary* und meint pseudoreale Reiseberichte und Dokumentationen, „(...) die jedoch in den seltensten Fällen allein aus – im Wortsinne – „Dokumenten" bestehen und daher auch oft als „Shockumentaries", „Fakumentaries" oder „Mockumentary" bezeichnet werden (...)." *Höltgen, Stefan*: Der Mensch isst, was er ist. Film und Kannibalismus. In: Splatting Image, 50/2002, S. 13-16, hier S. 14. Der Versuch einer Differenzierung zwischen diesen Begriffen blieb bisher jedoch aus. Hilfreich könnte sie jedoch sein, würde doch hierdurch der Unterschied zwischen den Beiträgen klarer werden. So müssten die Spielfilme im *Found-Footage*-Stil klar von Pseudodokumentationen mit für den Zuschauer erkennbarem, fiktionalem Anteil [beispielsweise in THE WAR GAME (THE WAR GAME, Großbritannien 1965, Regie: Peter Watkins) und DIE DELEGATION (DIE DELEGATION, Deutschland 1970, Regie: Rainer Erler)] und von den hier besprochenen Dokumentationen, die ihren hohen Grad an Inszenierung zu verschleiern suchen, separiert werden.

Was die Mondo-Shockumentaries mit derart fiktional überspitzten Sensationen taten, ist auch in Printmedien schon geschehen. Ein eindrucksvolles Beispiel findet sich in der Erörterung eines Artikels von Richard Francis Burton durch Christoph Bode. Burton hatte 1863 in einer der ersten Ausgaben der „Anthropological Review" einen Aufsatz über die afrikanischen Fan veröffentlicht.[175] In diesem Artikel schildert er minutiös jede Eigenart des Stammes. Den Kannibalismus aber, der durch regelrechte Sensationsgier des Publikums (sowohl Burton als auch die kannibalischen Fan waren dem viktorianischen Großstädter sehr bekannt) die Auflage der „Anthropolocical Review" enorm gesteigert haben dürfte,[176] beschreibt er nur kurz anhand von Indizien. Anschließend wird abrupt das Thema gewechselt, die Grausamkeit des Afrikaners im Allgemeinen beschrieben und mit schillernd ausgestalteten Details illustriert.[177]

Nach demselben Schema verfahren auch die Mondos, die innerhalb ihres Mediums Freiräume und Tabus ausreizen.[178] Ein sensationeller Aufhänger dient als Publikumsmagnet, präsentiert wird anschließend in groben Andeutungen - so überhaupt - der Grund des Films und daraufhin ergeht er sich in eine Aneinanderreihung von Obskurem, Abscheulichem und Ungewohntem. Auch Kannibalismus unter indigenen Völkern (zumeist aus Neuguinea) durfte in diesem Sammelsurium der Sensationen nicht fehlen und wurde entsprechend thematisiert, wenn auch nicht beweislastig dargeboten.[179] Weiterhin wird jeder als grausam empfundene Brauch ins Bild gerückt und zugänglich gemacht.

---

175 „(...) [D]ie Fan (auch Fang, Fanwe, Fahouin, Pangwe oder Pahouin genannt (...)), ein Volk, das in mehreren Stämmen im Gebiet des heutigen Gabun und Kamerun lebt, galten, neben den Niam-Niam, damals als die berüchtigtsten Menschenfresser Afrikas." Bode (2001), S. 147.

176 Dieses Magazin wurde im Übrigen von Burton mitbegründet, vgl. ebd., S. 147.

177 Vgl. ebd., S. 155f.

178 Auch hier deutliche Parallelen zu Burton und seiner „Anthropolocical Review", in welcher hauptsächlich brisante Themen öffentlich zugänglich gemacht wurden. So etwa kolonialpolitische Überlegungen, Schilderungen exotisch-sexueller Praktiken der Naturvölker und rassistische Spekulationen, vgl. ebd., S. 147f.

179 Vgl. Höltgen (2002), S. 14f., vor allem die Ausführungen zu GUINEA AMA (NUOVA GUINEA: L'ISOLA DEI CANNIBALI, Italien/Japan 1974, Regie: Akira Ide), der Kannibalismus und native Sexualität als spektakulären Aufhänger benutzt, letztlich aber gerade den kannibalischen Akt ausspart. Die „vorgebliche Neutralität der Berichterstattung" werde dabei „beständig durch krude Inszenierungsverfahren" desavouiert, ebd., S. 15.

Kombinationen mit Bürgerkriegsverbrechen, Exekutionen und Tiertötungen sind offenbar üblich.[180] Bezeichnend ist allerdings auch der Selbstläufer-Charakter des Mondo-Grundschemas, der sowohl durch die Fülle an internationalen Genrebeiträgen als auch durch die Hinwendung zu den Schattenseiten der eigenen Gesellschaft zu Tage tritt.[181]

Dieser kurze Abriss sollte bereits verdeutlicht haben, dass sich ethnozentrische und kolonialistische Topoi auch im dokumentarischen Gewand seit der Frühphase des Mediums bis weit in die siebziger Jahre fortgeschrieben haben und auch bis zuletzt Rezipienten fanden. Diese Entwicklung verlief konstant und in zunehmend drastischer Steigerung unabhängig von einer sich spätestens seit der Nachkriegszeit entwickelnden, seriösen Berichterstattung. Der Kannibale taucht hier als pseudodokumentarisches Motiv auf, welches als Sensation dient und Publikum in die Kinos locken soll. Eine ethnologische Realitätsnähe ist hierbei nicht gegeben. Viel eher wird Kannibalismus unter Nativen rassistisch überspitzt und zur Ab- und Ausgrenzung funktionalisiert. Er dient der Schaffung einer ebenso barbarischen Welt gegenüber der eigenen, zivilisierten, in der jedoch in dichotomischer Manier auch Grausamkeiten zu Tage gefördert werden können.

---

180 Exemplarisch sei hier der umstrittene AFRICA ADDIO (AFRICA ADDIO, Italien 1966, Regie: Gualtiero Jacopetti, Franco Prosperi) angeführt.

181 Stellvertretend sei auf die Fülle deutscher sogenannter „Report-Filme“ verwiesen, die von Prostitution über Menschenhandel und Drogenkonsum nahezu jedes Thema, dass mit Sex in Verbindung stand oder in Verbindung zu bringen war, abhandelten.

9 Der Kannibale im Film und der Kannibalenfilm

9.1 Frühphase: Wie das Abenteuer radikalisiert wurde

Nachdem durch NIGHT OF THE LIVING DEAD die Lanze gebrochen wurde und der Schauwert der Verspeisung eines durch den Kontext als menschlich erkennbaren Körperteils erprobt wurde, häufte sich in den nachfolgenden Jahrzehnten die Menge an Filmen, die das Essen per se thematisierten, radikalisierten und auch pervertierten,[182] was in Konsequenz auch den Kannibalismus ins Blickfeld brachte. Das italienische Kino war es schließlich, welches dem wilden Kannibalen als Antagonisten eine Leinwandpräsenz eröffnete und somit ein eigenes Subgenre prägte.[183] Die Kombination von geradezu paranoider Xenophobie mit den Gefahren des Dschungels zu Zeiten des Kalten Krieges und der Post-Vietnamkriegszeit traf nicht nur in Amerika auf fruchtbaren Boden und bescherte entsprechende Verkaufszahlen. Der

---

182 Als Beispiele seien hierfür genannt: DAS GROSSE FRESSEN (LA GRANDE BUOFFE, Frankreich 1973, Regie: Marco Ferreri), in dem sich die Hauptcharaktere freiwillig und in ergiebiger Dekadenz zu Tode fressen, ...JAHR 2022... DIE ÜBERLEBEN WOLLEN (SOYLENT GREEN, USA 1973, Regie: Richard Fleischer), in dem ökonomischer Kannibalismus als Lösung der Ernährungsfrage in einer überbevölkerten Welt angeboten wird, BLUTGERICHT IN TEXAS (THE TEXAS CHAINSAW MASSACRE, USA 1974, Regie: Tobe Hooper), der den Kannibalismus zwar thematisiert, aber nicht explizit und so drastisch, wie es der Titel vermuten lässt, darstellt, DIE 120 TAGE VON SODOM (SALÒ O LE 120 GIORNATE DI SODOMA, Italien 1975, Regie: Pier Paolo Pasolini), in welchem dem festlichen Verspeisen von Fäkalien in geselliger, wenn auch erzwungener, Runde eine Schlüsselrolle zukommt, DER KOCH, DER DIEB, SEINE FRAU UND IHR LIEBHABER (THE COOK THE THIEF HIS WIFE & HER LOVER, Frankreich/Niederlande 1989, Regie: Peter Greenaway), in welchem dem Mörder sein eigenes Opfer aufgetischt wird. Weiterführende Beispiele und detaillierte Besprechungen von Filmbeiträgen mit kannibalischer Thematik jeder Couleur finden sich unter anderem bei *Keßler, Christian*: Fleisch von meinem Fleisch. Kannibalen rund um die Welt. In: Splatting Image, 66/2006, S. 11-16, *Keßler, Christian*: The Wurst is yet to come. Mehr Kannibalensnacks. In: Splatting Image 67/2006, S. 9-14, sowie bei Brottman (2001).

183 So werden unter dem Begriff *Kannibalenfilm* beinahe ausschließlich Horrorfilme italienischer Herkunft zusammengefasst, die den nativen Menschenfresser als Kern der Erzählung präsentieren.

Dschungelfilm boomte, völlig gleich ob Abenteuer, Krieg/Anti-Krieg und Action oder eben Kannibalenfilm.[184]

Eine Motivverknüpfung aus rassistischen und zur Sensation überspitzten Interpretationen von nativen Kannibalen, wie es die Mondo-Filme vormachten, und einer Abenteuergeschichte unter Indigenen, wie sie durch THE MAN CALLED HORSE vorgegeben wurde,[185] mündete in den ersten genredefinierenden Abenteuerfilm, der Kannibalismus explizit darstellte. Die Anlehnung des deutschen Verleihtitels an die „Unterhaltungs- und Aufklärungsfilme" der Mondo-Welle deutet bereits auf hohe Profit-Erwartungen: MONDO CANNIBALE (IL PAESE DEL SESSO SELVAGGIO, Italien 1972, Regie: Umberto Lenzi). Dies soll jedoch nicht die einzige Gemeinsamkeit bleiben. Der italienische Kannibalen-Spielfilm nimmt zur eigenen Authentisierung regelmäßig dokumentarische Spieltypen auf. So ist eine einleitende oder finale Texttafel, die sich auf wahre Begebenheiten beruft, nahezu elementar. Dies ist ein wesentlicher Faden, der auf die Mondo-Filme zurückzuführen ist. Quasi genreprägend beginnt bereits MONDO CANNIBALE damit.

Weiterhin sei als italienischer Authentifizierungsmechanismus der suggerierte dokumentarische Blick der Kamera auf das kannibalische Geschehen zu nennen. So wird meist aus größerer Distanz durch Blätter und Unterholz gefilmt, wobei ein Zoom zum Einsatz kommt. Dazwischen geschnittene Detailaufnahmen und wechselnde Perspektiven desavouieren dieses Motiv aber regelmäßig. Diese Darstellungsform des kannibalischen Akts bekommt im italienischen Film einen nahezu kanonischen Stellenwert.[186] Zur extrem drastisch inszenierten Verbildlichung der Angst vor dem Gefressenwerden gesellt sich zusätzlich noch die provozierte Faszination an Erotik. So widmet

---

184 -MAERZ- (Autorenpseudonym) sieht den Umbruch Anfang der siebziger Jahre noch zögerlich in die filmische Rezeption eindringen, was die große Zeitspanne zwischen dem ersten und dem zweiten MONDO CANNIBALE erklären soll. Zum Vietnamkrieg als prägendes Ereignis zählt er zusätzlich das aufkeimende Bewusstsein um die Grenzen des Fortschritts (Raubbau an der Umwelt, die Zerstörung der Biosphäre) und den sich häufenden, internationalen Terrorismus, vgl. *-MAERZ-*: Fleisch ist Fleisch. In: Splatting Image, 08/1991, S. 5-14, hier S. 6.

185 Diese Parallele findet sich bei -MAERZ- (1991), S. 5, und auch bei *Keßler, Christian*: Das wilde Auge. Ein Streifzug durch den italienischen Horrorfilm, Meitingen 1997, S. 154. Keßler sieht hier sozialdarwinistische Motive, ebd., S. 154.

186 Nicht unerwähnt bleiben soll, dass die Italiener aus Gründen der Authentizität grundsätzlich mit realen indigenen Stämmen drehten.

sich das Gros der Laufzeit der Inszenierung von nativ-weiblicher Nacktheit. Gerade MONDO CANNIBALE erklärt die Kannibalen hierdurch noch vorsichtig zur Randerscheinung der Erzählung.[187] Dass der inszenatorische Schwerpunkt des Ur-Kannibalenfilms noch außerhalb des einmalig inszenierten Fressvorgangs liegt, bezeugt zudem eine deutsche Tagline: „Im Inferno grausamer Sexualriten!" Der kannibalische Archetyp des Genres ist aber bereits definiert und mündet in den nachfolgenden Produktionen in regelrecht exzessive Gewaltakte gegen den menschlichen Körper.

Der direkte Nachfolger des Films ist MONDO CANNIBALE, 2. TEIL - Der Vogelmensch (ULTIMO MONDO CANNIBALE, Italien 1977, Regie: Ruggero Deodato). Das Kernelement des Plots ist dem Film DER TODESMUTIGE entlehnt und zeigt nebst viel nackter Haut[188] die Flucht vor Kannibalen durch den Dschungel. Die nativen Menschenfresser, hier noch einmal wesentlich in Drastik und Brutalität zugespitzt, vollzogen einen auffälligen evolutorischen Rückschritt: Nackt und schmutzig hausen sie in Höhlen, besitzen nur primitivste Werkzeuge und führen rückständige unmenschliche Rituale durch. Hieran lässt sich eines ganz deutlich festmachen: Durch einen abwertend-verächtlichen Blick aus der Zivilisation heraus auf native Völker und ihre einfachen Lebensgewohnheiten in Verknüpfung mit gesteigerter Sensationslust und Neugier beim Zielpublikum sowie der rassistischen Überspitzung des obsoleten Kannibalenmotivs, das sich in filmischer Aufbereitung nunmehr etabliert hat, schufen die italienischen Filmemacher binnen weniger Jahre eine neue Kategorie des Film-Kannibalen. Die schmutzige und primitive, lediglich rudimentär menschliche Bestie, die im Blutrausch über jede Form von Leben herfällt und sie in Stücke reißt - ein rassistisch überspitztes Versatzstück der bisher

187 Die Kannibalen sind die Anderen! Der Andere, der Fremde, in Überspitzung: Der Kannibale, wird hier (und im Folgenden) im Sinne des ursprünglichen Stigmas auch benötigt, um durch Ab- und Ausgrenzung notwendige Distanz zum Rezipienten zu schaffen. Dadurch wird Gewalt leichter konsumierbar, vgl. hierzu *Stiglegger, Marcus*: Terrorkino. Angst/Lust und Körperhorror, Berlin 2010, S. 38f.

188 Meist aber nur durch eine einzige Frau (in diesem Fall Me Me Lai). Allgemeine Frauenfeindlichkeit des Genres wäre darum ein gerechtfertigter Vorwurf, der sich an einem hohen Anteil an Vergewaltigungen, häufig weiblichen Opfern des kannibalischen Mahls, die in teils misogyner Deutlichkeit von innen nach außen gekehrt werden, und einer sehr geringen Frauenquote unter den Eingeborenen festmachen ließe. Um dies zu entkräften, wurden sexuelle Erniedrigungen, gezielte Verstümmelungen und Kastrationsszenen auf die männlichen Protagonisten übertragen, vgl. hierzu die Ausführungen bei -MAERZ- (1991), S. 7.

beleuchteten Kannibalen-Kategorien, das auf Grund seines ausschließlichen Gebrauchs für den harten Horrorfilm eine eigenständige Einordnung bilden muss. Da diese primitiv gehaltenen Kannibalen in ihrem geschlossenen sozialen Verband anonym bleiben, lenken sie das Interesse des Rezipienten nicht etwa auf sich, sondern hin zum Verbotenen. Der Akt des Fressens fordert die Aufmerksamkeit.[189] Der Akt wurde somit Grund des Films, und zwar ab dem Zeitpunkt, an dem der Verzehr in ausführlicher Drastik visuell dargeboten werden konnte. Erst dieser Schritt ermöglichte es, dass der Kannibale in den harten Horrorfilm schreiten konnte und dort den Platz einer endindividualisierten Hauptfigur einnahm. Dazu musste der Menschenfresser keine Spuren von Zivilisation oder Kultur an sich haben, er wurde schließlich zum Motiv und Handlungsrahmen degradiert, welcher *special effects* auf die Leinwand transportieren sollte.

In Lenzis Genre-Eröffnungsfilm waren diese ersten Gehversuche noch zögerlich. Die nachfolgenden Filme formten hingegen offensiv einen Primitiven, der kulturellen Urformen des Menschen weiter entrückt ist als dem Filmzombie. Dieses Bild schreibt sich in sämtlichen Genre-Beiträgen fort und findet einen kanonisch exerzierten Höhepunkt in DIE WEISSE GÖTTIN DER KANNIBALEN (MOUNTAIN OF THE CANNIBAL GOD, Italien 1978, Regie: Sergio Martino). Nachdem hier die bösartige Fratze des Fortschritts und dessen schädlicher Einfluss auf die Natur entblößt wurden, treten Kannibalen ins Geschehen. Eine durch und durch wilde Horde unzivilisierter Subjekte, die sich bei Bedarf auch gegenseitig frisst und dadurch als geschlossener Stammeskorpus in sich degeneriert. Um diese Degeneration durch Kannibalismus und Inzest zu illustrieren gibt es einen bösartigen Kleinwüchsigen im Stamm – abgemildert wird seine Existenz jedoch durch die Behauptung, dass der Stamm seit jeher in einer Uran-verstrahlten Höhle lebt.

In Folge des anschließenden kannibalischen Mahls, das selbstverständlich detailliert inszeniert wird und so zumindest den interessanten Aspekt offenbart, dass das Fleisch hier über Feuer geröstet wird, ergehen sich die Nativen wie im Rausch in sexuellen Praktiken – begonnen bei Masturbation, gesteigert bis hin zur Sodomie. Ein orgias-

---

189 Die Motive des Kannibalen sind für den Rezipienten irrelevant und auch der Kannibale per se ist für den Konsumenten des Films vollkommen ohne Bedeutung. Eine These, die Brinckmanns Ausführungen zu den anonymen Zombiehorden in Romeros NIGHT OF THE LIVING DEAD entlehnt ist. „Gerade weil die Monster so anonym sind und zwanghaft ihren Bedürfnissen folgen, reduziert sich das Interesse [des Zuschauers] auf den reinen Akt des Fressens und die animalische Sättigung." Brinckmann (2001), S. 86.

tisches Fest Primitiver, die durch Anthropophagie ihrer Sinne beraubt und ihrer Menschlichkeit entrückt werden. Derartige Bilder sucht und findet der Kannibalenfilm nur zu gern.

Gelegentlich, gerade zu Beginn des Genres, fällt aus dem anonymen Stammeskorpus ein zumeist weibliches, dann weniger dreckiges und verrohtes Individuum heraus, welches im Voraus lediglich durch Stammeszugehörigkeit mit Kannibalismus in Verbindung gebracht werden kann. Anderweitig wird dies jedoch nie angedeutet, um sie von den Kannibalen, also den Anderen, separieren zu können und ihr Zuschauersympathien zu verschaffen.[190] Im Falle der ersten beiden Kannibalenfilmbeiträge ist dies die Schauspielerin Me Me Lai, deren Rolle sich anschließend, orientiert am Freitag-Stereotyp, in ein sklavisches Abhängigkeitsverhältnis zum weißen Eindringling begibt.[191] Jedoch droht ihr weniger die lebenslange Dienerschaft zu einem Herren, sondern viel eher die baldige Tötung in einem Akt kannibalischer Raserei. Da Me Me Lai die einzige Kannibalin im Genre mimt, die Profil und Charakter bekommt und aus der Anonymität gehoben wird, ist sie gleichwohl als Opfer prädestiniert.[192] Das (weibliche) Freitag-Stereotyp wird vom Vertreter der Horrorfilm-Kannibalen gezielt attackiert, die Option auf friedliche Christianisierung wird im Keim erstickt und verschlungen. Sämtliche, durch die zeitaufwändige Jagd aufgestaute Aggressionen werden schlagartig als Racheakt am weib-

190 Ein Phänomen, das bei weiblichen Freitag-Stereotypen nahezu immer nachweisbar ist. Die Funktion der Weggefährtin und Helferin, eventuell sogar als Partnerin, wäre durch permanent empfundene Bedrohung negiert.

191 MONDO CANNIBALE, 2. TEIL könnte als invertierte Robinsonade gesehen werden, denn sowohl die einleitende Texttafel als auch diverse Andeutungen in Dialogen verweisen darauf, dass die Handlung auf einer Insel angesiedelt ist. Einen Strand oder einen Blick auf das offene Meer sucht man im Film allerdings vergebens.

192 „Da in den meisten Exploitationfilmen das Opfer des Gewaltaktes eine Frau ist, kommt ein besonders drastisches misogynes Motiv hinzu: Der gezielte Angriff auf den Unterleib und die Brüste. Was aus der distanzierten männlichen Rezipientensicht also bereits als ›das Andere‹ gekennzeichnet ist, wird bewusst im Hinblick auf die Attribute der ›Andersartigkeit‹ attackiert." Stiglegger (2010), S. 36. Angemerkt werden muss auch, dass Vergewaltigungen und Sexszenen nie derart drastisch in Szene gesetzt sind, wie die Momente, die das Innerste der Menschen im Wortsinne offenlegen. „Das gewaltsame Eindringen in den Körper einer Frau wird dem Verschlingen von weiblichen Körperteilen als zweitrangig untergeordnet. Als Geste der Machtausübung übertrifft der Akt des Aufessens den der Schändung (...)." *Krützen, Michaela*: Väter, Engel, Kannibalen. Figuren des Hollywoodkinos, Frankfurt am Main 2007, S. 188.

lichen Körper abgebaut. Zusätzlich verhindert der kathartische Akt des Einverleibens die Abtrünnigkeit des Stammesmitglieds. Die Regeln der Gemeinschaft werden durch die Vernichtung und vollständige Vertilgung der Verräterin bewahrt, das soziale Gefüge bleibt vom schädlichen Einfluss der Zivilisation unangetastet.[193]

Die zugeschriebene Primitivität der Nativen wird durch ergänzte Eigenschaften konsequent untermauert: Schrey kristallisiert als typische Motivtradition des Kannibalen heraus, dass er naiv sei und sich meist leicht überlisten ließe. Dass sich dieses Stigma hält, belegt er mit Parallelen zwischen dem hier formulierten Comedy-Cannibal-Stereotyp in DER NAVIGATOR (THE NAVIGATOR, USA 1924, Regie: Buster Keaton, Donald Crisp) und der reißerisch-rassistischen Kannibalenkategorie in NACKT UNTER KANNIBALEN (EMANUELLE E GLI ULTIMI CANNIBALI, Italien 1977, Regie: Joe D'Amato).[194] In Letzterem, einer Mischung aus Sex- und Kannibalenfilm,[195] entsteigt Laura Gemser als Black Emanuelle nackt und mit einem den Kannibalen heiligen Symbol auf dem Bauch einem Fluss, um so die Wilden zu täuschen und ihre Freundin vor der Opferung zu retten. Buster Keaton tat als NAVIGATOR das Gleiche: In einem Taucheranzug entstieg er dem Meer und suggerierte den Kannibalen auf diese Art, dass er eine ihrer Gottheiten sein könnte.[196] Das Motiv des naiven und dummen Wilden blieb folglich erhalten[197] und wurde vom Film sogar kategorienübergreifend gefestigt. Die italienischen Beiträge nahmen diese Motivtradition bereitwillig auf und radikalisierten sie in rassistischer Überspitzung des Nativen und durch Ergänzung heftigster Gewalt-Effekte. Dieser vollkommen verklärte Kannibale ist selbst dem Leben im Einklang mit der Natur entrückt. Im filmisch inszenierten Dschungel erscheint er als Fremdkörper, der ohne Werkzeuge, ohne Ackerbau und ohne nennenswerte soziale Strukturen nur unter dem missionarischen

193 Vgl. hierzu ausführlich und variantenreich Moser (2005).

194 Schrey (2008), S. 559f.

195 Eine Variation, die von D'Amato in PAPAYA – Die Liebesgöttin der Kannibalen (PAPAYA DIE CARAIBI, Italien 1978, Regie: Joe D'Amato) weitergeführt wurde.

196 Auch die Zeichentrickfilme kennen das Kostüm, welches den Kannibalen Angst einflößt. So beispielsweise MICKEY'S MAN FRIDAY.

197 Als Ursache hierfür gibt Schrey die „(...) verbreitete Annahme eines deterministischen Zivilisationsprozesses (...)" (ebd., S. 559) an, innerhalb dessen die Völker zu erobernder Gebiete das kulturelle Niveau frühgeschichtlicher Phasen innehätten. Dass sich das Motiv des primitiven (weil geistig beschränkten) Menschenfressers bereits in der Antike finden lässt, deutet Schrey unter Verweis auf Polyphem an, ebd., S. 559.

Diktat des weißen Mannes lebensfähig zu sein scheint, der sich aber aus primitiver Angst vor der Zivilisation gegen die weißen Erlöser richtet und mit barbarischer Aggressivität seine Rolle als unmenschliche Bestie verteidigt. Er ist darum auch als Fremdkörper im Wertesystem des Eindringlings, also des weißen Entdeckers und Eroberers, zu kennzeichnen. Eine solche Abweichung wird entsprechend sowohl psychisch (durch Missionierung) als auch physisch (durch Strafandrohung und Mord) zu bekämpfen versucht. Wobei hier erst ein Perspektivwechsel die Wechselseitigkeit der Idee des zu bekämpfenden Fremdkörpers offenlegt, denn auch der vermeintlich Zivilisierte ist ein Eindringling, ein Fremdkörper im Lebensraum des Kannibalen. Dieser Perspektivwechsel findet im Film jedoch meist nicht oder nur unzureichend statt.

Aus dem Genre ging eine Vielzahl von Beiträgen hervor, in den zwölf Jahren zwischen 1976 und 1988 allein 13 Kannibalenfilme mit italienischer Provenienz. Alle Elemente des Plots um den „Zivilisierten" auf abenteuerlicher Reise streben keinem Schatz oder einer Rettungsaktion mehr entgegen, sondern dem im Dschungel verborgenen Wilden und der völligen Zerstörung des weißen Leibes durch dessen Zähne. Somit ist hier ein Wechsel vom Abenteuer als Kernelement hin zum Horror mit Abenteuerelementen zu kennzeichnen. Dies soll keinesfalls heißen, dass die Gründe für den Dschungelaufenthalt nicht erläutert werden. Aber sie sind lediglich Vorwand und nicht Anlass des Films. Somit hat auch der Kannibale eine andere Funktion inne: Er ist keine gefährliche Randfigur mehr, keine filmische Episode oder eine abenteuerliche Hürde von vielen. Er ist Antagonist, dessen Bestialität bis ins Detail inszeniert wird, und er ist als Sensation der Aufhänger und einzige Grund des Films. Entsprechend wenig notwendig ist darüber hinaus eine Konzentration auf die Charaktere beider Seiten, wichtig ist lediglich noch, wie sie sterben werden. Das Herausheben des Elements von Ekel aus der Vorstellungswelt des Betrachters in die filmische Inszenierung hinein kann hierbei zwar den Effekt des ursprünglich imaginierten Horrors schmälern, da schlechte Effekte weniger schrecklich sind als die eigene Fantasie, kann aber auch sowohl den Graben zwischen „uns" und „den Anderen" verstärken als auch die empfundene Bedrohung näher an den Zuschauer heranrücken. Somit ist dies, nebst profitorientierter Vermarktung, als ein gewünschter und beabsichtigter Effekt herauszustellen. Die gefühlte Sicherheit bzgl. der territorialen Distanz zwischen Betrachter und wildem Kannibalen wird durch die Visualisierung des Verschlingens menschlicher Leiber wieder abgebaut. Das Empfinden von Horror wird so verstärkt, die Angst vor dem Fremden allerdings auch.

9.2 Zenit: *Cannibal Holocaust* und die Grenzen des Erträglichen

Mit NACKT UND ZERFLEISCHT (CANNIBAL HOLOCAUST, Italien/Kolumbien 1980, Regie: Ruggero Deodato) liegt der erfolgreichste Kannibalenfilm vor und auch der einzige, der einer intensiveren Analyse wert ist. Er ist sowohl in künstlerischer Ausformung, Erzählstruktur und angewandten Mitteln als auch in seiner medienkritischen Haltung auch über die Grenzen des Subgenres hinaus bemerkenswert. Zwar handelt es sich um einen extremen Horrorfilm, nach dessen Betrachtung man „(...) ein Bad nehmen möchte (...)",[198] er gibt aber auch einen Blick auf das kreative Potenzial frei, welches aus Italien hervorging.

Eine ausführliche und entsprechend aufschlussreiche Analyse der Motive, Strukturen und Beweggründe von CANNIBAL HOLOCAUST ist hier nicht notwendig.[199] Auf die medienkritische Grundhaltung des Films sei aber eingegangen, da sie für den Untersuchungsgegenstand interessante Brücken schlägt. In einer narrativen Zweiteilung wird zuerst die Suche nach einem verschwundenen Reporterteam geschildert. Unter Leitung von Alan Yates (Gabriel Yorke) brach dieses auf, um eine Dokumentation über Kannibalen zu drehen. Die Überreste des Teams werden samt Filmmaterial aufgefunden. Die zweite Hälfte des Films zeigt den Rohschnitt, der Vertretern eines Senders vor der TV-Ausstrahlung vorgeführt wird. Als Film im Film schildern rohe, teils unscharfe, verwackelte und grobkörnige Bilder die Entdeckung eines nativen Stammes. Ein bemerkenswerter Kunstgriff von Deodato, wird so doch ein sehr hohes Maß an Authentizität suggeriert. Die Ebene des Spielfilms wird verlassen und weicht dem pseudorealen Blick der dokumentierenden Kamera. Der Dokumentarfilm wird somit fester Bestandteil der Erzählstruktur. Im Folgenden attackiert das Filmteam die Eingeborenen massiv. In der späteren Dokumentation soll auf diese Weise der Angriff feindlicher Krieger dargestellt werden, was durch das Rohmaterial mehrerer Kameras jedoch als inszeniert entlarvt wird.

198 Keßler (1997), S. 162.

199 Verwiesen sei darum auf Keßler (1997), S. 162-166, Brottman (2001), S. 136-150, Moser (2005), S. 83-108, *Ders.*: Kannibalismus als Metapher des Verstehens. Der Horror-Film im Dialog mit der Ethnographie. In: *Fritz, Jochen; Stewart, Neil (Hrsg.)*: Das schlechte Gewissen der Moderne. Kulturtheorie und Gewaltdarstellung in Literatur und Film nach 1968, Köln 2006, S. 55-76, hier S. 71-76, *Slater, Jay (Hrsg.)*: Eaten alive! Italian cannibal and zombie movies, (2. Aufl.) London 2006, S. 104-112 und – wenn auch sprachlich stark entgleist – -MAERZ- (1991), S. 10-13.

Die finale Konsequenz ist ein extremer Gewaltausbruch der Ureinwohner, der sich im Zerreißen der Leiber des Teams niederschlägt.[200]

Der Film zeigt bereits zu einem früheren Zeitpunkt die fiktive Dokumentation „The Last Road To Hell", mit der die Gruppe um Yates laut Auskunft der Sender-Vertretung sehr erfolgreich war. Hierdurch wird direkt Bezug auf die Mondo-Filme genommen und die sensationsgierige, „objektiv dokumentarische" Arbeit durch das Zeigen des Zustandekommens als rücksichtslos inszeniert, verbrecherisch und falsch entlarvt. Demnach ist CANNIBAL HOLOCAUST als eine radikale Spielfilm-Variante von Luis Buñuels LAS HURDES zu bezeichnen. Durch das Mittel der extremen grafischen Gewalt mit detaillierter Zergliederung menschlicher Körper bekommt der Kern des Films jedoch einen bitteren Beigeschmack. Die Sensation sollte offenbar trotz aller unterschwelligen Kritik bedient werden.[201]

CANNIBAL HOLOCAUST enthält zahlreiche zivilisations- und medienkritische Elemente. Jedoch unterstützt der ausführlich dargelegte Kontrast zwischen Zivilisation und Dschungel[202] beim Zuschauer nicht

---

200 Die realistisch wirkende Kraft dieser Szenen erklärt Lloyd Kaufman mit Pudovkins Theorie von Montage und Bearbeitung, vgl. das Review von Lloyd Kaufman in Slater (2006), S. 104-106, hier S. 105. Dem Usus des Genres folgend, enthält der Film zahlreiche reale Aufnahmen von Tiertötungen und Mutilationen. Die intensivste und längste ist die Schlachtung einer riesigen Flussschildkröte, während die Kamera jedes Detail und jede kleine Nervenregung des sterbenden Tieres einfängt. Die anschließend dargebotenen Tötungen der Menschen im dokumentarischen Stil erzeugen durch diesen Kontext das Gefühl von Echtheit.

201 Dennoch sei hier explizit auch auf die filmhistorisch wichtige Rolle von CANNIBAL HOLOCAUST verwiesen, der in Erweiterung der Mockumentary und des Mondo-Films das Stilelement des *Found footage* verwendet. Das Vortäuschen realer Begebenheiten in einem kinematographischen Kontext durch die Präsentation relativ unbearbeiteter Pseudo-Amateuraufnahmen zur Dokumentation des fiktiven Schicksals der Filmenden und Gefilmten findet hier seinen publikumswirksamen Ursprung, was CANNIBAL HOLOCAUST eine populärkulturelle Bedeutung zuweist. Auf gewisse Weise wird die nachhaltige Glaubwürdigkeit des Materials jedoch durch den bekannten Spielfilmkontext mit Schauspielern und musikalischer Untermalung entschärft.

202 Regelmäßig wird sowohl in der Spielfilm- als auch in der dokumentarischen Hälfte des Films zwischen den Urwaldszenen und New York gewechselt. Bereits der Vorspann betont den Kontrast, indem romantisierende Luftaufnahmen des Amazonasgebiets gegen einen Reporter auf einem Wolkenkratzer geschnitten werden, der von den Errungenschaften der Zivilisation berichtet.

etwa die angeblich beabsichtigte und von vielen Rezensenten dankbar aufgenommene antiimperialistische These, dass der Kannibale wesentlich zivilisierter sei als die weißen Eroberer. Viel eher führt die rohe Inszenierung der Kannibalen zu der Feststellung, dass Gewalt ein dem Menschen ureigenes Phänomen ist. Es ist nicht polar anzulasten, sondern schlicht menschlich. Dass diesem Phänomen ebenso ein hohes Faszinationspotenzial innewohnt, führt Deodato durch die nonlineare Montage der Geschichte vor. Das Schicksal der Expeditionsteilnehmer ist dem Zuschauer von Anfang an bewusst und die zertrümmerten und blanken Knochen samt sonnengebleichter Fleisch- und Hautfetzen werden auch explizit vorgeführt. Spätestens ab diesem Punkt zieht der Film das Gros seines Spannungspotenzials nur noch aus der Neugier des Rezipienten und aus dem unbedingten Willen, das grausame Mahl auch wirklich zu sehen. Auf diese Art wird jedoch dem Betrachter auch seine eigene Gier nach dem Inneren anderer Menschen vorgeführt. Das Fleisch anderer wird hier durch Schauen verzehrt. Deodato legt offen, dass jeder, der seinen Film bis zum Ende ansieht, einen kannibalischen Akt vollführt. Und natürlich provoziert er durch die extreme Härte des Finales Entsetzen. Er ruft ein Grauen über die Fähigkeiten des Menschen, anderen Menschen bereitwillig und existenziell zu schaden, hervor und schafft so einen Film, der sehr lange nachwirkt.

Obwohl CANNIBAL HOLOCAUST mit schmutzigen und teils auf Bäumen lebenden Nativen die Kategorie animalisierter, kulturfreier Kannibalen bedient, ist auch eine Veränderung des Motivs erkennbar, die sich jedoch in den nachfolgenden Genrebeiträgen nicht konsequent fortschreibt. Der kannibalische Akt erfährt eine Aufwertung als ritualisierte Notwendigkeit, die sich gegen den weißen, aggressiven Eindringling richtet.[203] Weiterhin werden hier erstmalig zwei verfeindete Stämme gegenübergestellt, deren Konflikte sich gelegentlich in brutalen Zusammenstößen entladen. Hierdurch wird der vorgeführte Kannibalismus der Vorstellung eines alltäglichen, in primitivem Blutdurst gegründeten Aktes entrissen und als eine Form nativer Kriegsführung herausgestellt. Zusätzlich ist potenzieller, als Höhepunkt primitiver Barbarei angenommener, Endokannibalismus kategorisch ausgeschlossen. Dies zeigt eine Szene, in der eine abtrünnige Frau mittels eines primitiv und dreckig inszenierten Ritus schwer verletzt und anschließend getötet wird. Die Reinigung des Stammeskorpus wird hier nicht durch das Verzehren des asozialen Elements initiiert, sondern durch Ausstoß und rituelle Tötung weit entfernt vom Dorf. Mag für

---

203 Vgl. Schrey (2008), S. 562f.

das Opfer auch kaum ein Unterschied bestehen, so ist dieser für den Rezipienten des Films vorhanden: Die Ureinwohner verspeisen sich nicht untereinander, sondern lediglich in Extremsituationen, zu denen kriegerische Auseinandersetzungen zweifelsfrei gehören, die Körper ihrer Feinde. Der aufgebaute mythisch-rituelle Anstrich dieser Handlung beherbergt weit weniger Schrecken als der kathartische Verzehr von Angehörigen. Um diesen Eindruck zu Unterstreichen, beinhaltet der Film weitere Szenen von Ausstoß und Tötung, sowohl wegen einer unheilbaren Krankheit einer hochschwangeren Frau als auch wegen der Leibesverunreinigung einer Vergewaltigten. Natürlich ist auffällig, dass es bei Deodato keine abtrünnigen oder auszustoßenden Männer gibt. Alle ausgeübte Gewalt entlädt sich gegen Frauen. Dennoch sei herausgestellt, dass CANNIBAL HOLOCAUST der einzige Kannibalenfilm zu sein scheint, der nicht nur das Fleisch, sondern auch den dazugehörigen, zumindest anfangs unversehrten, Menschen in den Fokus rückt.

9.3 Abstieg: Der Kannibalenfilm frisst sich selbst

Fuldas Feststellung, dass das literarische Interesse am Kannibalismus durch die Ende der siebziger Jahre aufgekommene Fachdiskussion inspiriert und neu angefacht worden wäre,[204] lässt sich auf den Film kaum übertragen. Hier war der wilde Menschenfresser längst ein eigenständiges, vielrezipiertes und wiederholt inszeniertes Motiv, das weder von Produzenten noch von Konsumenten hinterfragt wurde. Der einzige Film, der auf die zeitgenössische Debatte überhaupt Bezug nimmt, scheint Umberto Lenzis DIE RACHE DER KANNIBALEN (CANNIBAL FEROX, Italien 1980, Regie: Umberto Lenzi) zu sein. Der seit 1979 von William Arens eröffnete Diskurs wird hier aufgegriffen und manifestiert sich in der Geschichte um eine junge Doktorandin der Anthropologie (Lorraine De Selle). Um den Beweis zu erbringen, dass Kannibalismus nicht existiert und eine Erfindung zur Rechtfertigung von Eroberung und Unterdrückung ist, reist sie ins Amazonasgebiet. Ihre Argumentationsstrukturen entsprechen ziemlich genau denen von Arens - eine sehr offensichtliche, wenn auch, wie sich zeigen wird, scheinheilige Parallele zu Arens.

Das Machwerk führt sich in den Bezügen zur Kannibalismus-Debatte inhaltlich selbst *ad absurdum* und entblößt seine reaktionäre Scheinbotschaft eigenständig. Der moralische Fingerzeig in Richtung westlich zivilisierter Welt (hier in Vertretung durch die Stadt New York) exhi-

204 Vgl. Fulda (2001), S. 8f.

biert sich durch die Inszenierung der Kannibalen und ihrer Lebensweise als Vorwand. Die plakative Raffgier drogenkonsumierender Kleingangster, die sich aggressiv an den Einheimischen vergehen, ist hier als Auslöser des sonst angeblich nicht vorhandenen kannibalischen Triebes dargestellt. Da das Gezeigte als spontaner Akt von provoziertem Gewalt- und Rachekannibalismus erklärt wird, der ohne Einwirkung von außen nicht existent wäre, entsteht ein elementares inhaltliches Problem, welches der Film nicht erklären kann und will. Die raffiniert-komplexen Tötungsmechanismen,[205] die im Dorf vorhanden sind, werden unter diesem Gesichtspunkt im sonst üblichen Alltag der Indios unsinnig und nutzlos. Dies lässt darauf schließen, dass Umberto Lenzi nicht an der Entzauberung des Mythos gelegen war und ist folglich nur als loser Bezug auf die zeitgenössische und medial stark reflektierte Debatte zu werten, die als Aufhänger für seinen neuesten „Kannibalen-Schocker" dienen sollte. Entsprechend ist der Film frei von Moral und ergötzt sich aus rassistischer Perspektive am bestialischen Wilden. Ebenso markant wie fragwürdig bleibt auch, dass die Inszenierung primitiver Brutalität nicht lediglich in der Konsequenz eines exzessiven Rachemassakers endet, sondern auch mit plötzlich aufkeimendem Appetit für ungekochte, frisch vom Leib geschnittene Genitalien und menschliches Gehirn aus dem soeben geöffneten Schädel einhergeht.

In diesem Zeitfenster kippte die ständige Neuaufarbeitung des immer gleichen Themas ins Absurde. Zum in extremer Gewalt ausufernden CANNIBAL FEROX und dem unsinnigen ZOMBI HOLOCAUST[206] ge-

---

205 Nebst einer großen, mit angespitzten Pfählen bestückten Lehmkugel als Fangvorrichtung sei ein Tisch erwähnt, in dem sich ein kopfgroßes Loch mit einer Einspannvorrichtung darunter befindet, damit ein darin angebrachter Mensch fixiert werden kann, während ihm die Schädeldecke abgetrennt wird (Lenzi zitiert sich hierbei selbst, obwohl in MONDO CANNIBALE noch Affen auf diese Art getötet wurden). Auch sei explizit auf ein großes Holzgerüst verwiesen. Eine Protagonistin (Zora Kerova) wird hier mit durch ihren Busen gezogenen Haken zum Sterben aufgehängt. Slater sieht hierin deutliche Parallelen zu A MAN CALLED HORSE / DER MANN, DEN SIE PFERD NANNTEN, vgl. Slater (2006), S. 159.

206 Während der Italiener Lucio Fulci mit WOODOO – Die Schreckensinsel der Zombies (ZOMBI 2, Italien 1979, Regie: Lucio Fulci) an den Erfolg von Romeros zweitem Zombiefilm ZOMBIE (DAWN OF THE DEAD, USA 1978, Regie: George A. Romero) anzuknüpfen versuchte und den Zombie erfolgreich in die Karibik zurücktrug (vgl. Slater (2006), S. 93ff.), oblag es auch den italienischen Filmemachern, die Verbindung von karibischen Zombies und karibischen Kannibalen offenzulegen und gebündelt auf die Leinwand zu transportieren. Mit dem Film ZOMBIES UNTER KANNIBALEN (ZOMBI

sellten sich nun auch Beiträge von außerhalb Italiens.[207] Umberto Lenzi, der Begründer des Genres, legte schließlich die repetitive Inszenierung immer gleicher Motive mit LEBENDIG GEFRESSEN (MANGIATI VIVI!, Italien 1980, Regie: Umberto Lenzi) selbst offen. Die lose am Jonestown-Massaker (1978) angelehnte Geschichte um eine Sekte im Dschungel ist in ihren Tiertötungs- und Kannibalenszenen teils ein loses Potpourri aus Versatzstücken und Originalszenen vorangegangener Genrebeiträge.[208] Im Grunde ist dies nur die logische Konsequenz, denn das Genre speist sich motivisch aus sich selbst.[209] Der Exploitationfilm als überstehende Filmkategorie tat dies im Bezug auf seine Themen ebenfalls und führt das Schema als Neo-Exploitation[210] heute wieder erfolgreich fort. Der Kannibalenfilm ist folglich an sich schon kannibalisch, was auch bedeutet, dass sich die

---

HOLOCAUST, Italien 1980, Regie: Marino Girolami), einem sinnlosen und höchst rassistischen Film, war dies jedoch kaum gelungen, zumal die trägen Zombies neben den gefräßigen Kannibalen zahm und ungefährlich wirken. Vgl. ausführlich ebd., S. 116-121.

207 Neben DER TODESSCHREI DER KANNIBALEN (PRIMITIF, Indonesien 1978, Regie: Sisworo Gautama Putra), MONDO CANNIBALE 3. TEIL - Die blonde Göttin (MONDO CANNIBALE, Frankreich/Spanien/Deutschland/Italien 1980, Regie: Jesus Franco, Franco Prosperi) und JUNGFRAU UNTER KANNIBALEN (SEXO CANÍBAL, Spanien/Frankreich/Deutschland 1980, Regie: Jesus Franco) sei hier CANNIBAL TERROR (TERREUR CANNIBALE, Frankreich/Spanien 1981, Regie: Alain Deruelle, Julio Pérez Tabernero) erwähnt.

208 Beispielsweise scheinen die Schlangensuppe und die Zwangskastration aus DIE WEISSE GÖTTIN DER KANNIBALEN (LA MONTAGNA DEL DIO CANNIBALE, Italien 1978, Regie: Sergio Martino), mit Bond-Girl Ursula Andress, nicht nur motivisch, sondern teilweise auch in Form des Filmmaterials übernommen zu sein, vgl. auch Slater (2006), S. 113f.

209 Hierzu vertiefend Höltgen (2002), S. 15f.

210 Neo-Exploitation erfasst eine Fülle neuer Filme, die sich am ausbeuterischen Trash-Charakter des Exploitation- und Grindhouse-Kinos der sechziger bis achtziger Jahre orientieren. Exemplarisch seien MACHETE (MACHETE, USA 2010, Regie: Robert Rodriguez) und HOBO WITH A SHOTGUN (HOBO WITH A SHOTGUN, Kanada 2011, Regie: Jason Eisener) genannt, denen zahlreiche Trittbrettfahrer im Low-Budget-Bereich nachfolgen. Ursprung ist das Grindhouse-Projekt der Regisseure Quentin Tarantino und Robert Rodriguez, welches in Hommage an die Doppelvorführungen in Bahnhofskinos aus den Filmen PLANET TERROR (GRINDHOUSE: PLANET TERROR, USA 2007, Regie: Robert Rodriguez) und DEATH PROOF - Todsicher (GRINDHOUSE: DEATH PROOF, USA 2007, Regie: Quentin Tarantino) bestand. An den Kannibalenfilm hat sich im Zuge dieser Hommage-Welle bisher aber noch kein Regisseur gewagt, obwohl die Beliebtheit des Genres genau in die Grindhouse-Blütezeit zu verorten ist.

meisten, speziell die anstößigsten, Elemente wiederholen, im Grunde schon nur mangels Innovationen.[211]

Die Italiener scheiterten aber darüber hinaus auch an einer aufgebauten Erwartungshaltung des Publikums. So wurde Deodatos CUT AND RUN (INFERNO IN DIRETTA, Italien 1985, Regie: Ruggero Deodato) beispielsweise vielerorts als Kannibalenfilm vermarktet, ohne auch nur im Geringsten einen kannibalischen Stamm zu thematisieren. Auch AMAZONIA - Kopfjagd im Regenwald (SCHIAVE BIANCHE: Violenza in Amazzonia, Italien 1985, Regie: Mario Gariazzo) kennt zwar einen Kannibalenstamm am Rande der erzählten Geschichte, zeigt aber keinerlei Menschenverzehr. Viel eher spielt der Film unter Kopfjägern, denen Kannibalismus sogar zuwider ist. Obwohl dies eine Variation darstellt, die gegenüber den Erwartungen der Rezipienten wahrscheinlich nicht unproblematisch war, wurde der Film ebenfalls mit Kannibalen beworben und punktuell gerade in Deutschland sogar unter dem Titel CANNIBAL HOLOCAUST 2 vermarktet. So machte es sich das Genre und seine Vermarktung durch immer gleiche Rezitation unmöglich, die eigenen, selbstgesteckten Grenzen publikumswirksam zu überschreiten.

Die gesellschaftskritisch-metaphorischen Möglichkeiten des Kannibalenmotivs werden von den meisten italienischen Beiträgen nahezu völlig verkannt oder unzureichend und nach dem immer gleichen Schema oberflächlich abgearbeitet. Dabei wäre gerade in diesem Genre der „secure horror" leicht zu dekonstruieren und eine klare Abgrenzung zum „paranoid horror" unmöglich gemacht. Zum einen ist das Monster, also der Kannibale, nur noch augenscheinlich weit entfernt, bei genauerer Betrachtung aber per Flugzeug innerhalb weniger Stunden zu erreichen - darauf verweist nahezu jeder Genrebeitrag allzu gern, ohne daraus moralische und ethische Konsequenzen ziehen zu können und zu wollen. Die Bedrohung rückt daher gefährlich nahe, obwohl sie der direkten Nachbarschaft fern bleibt. Zum anderen dringt nicht das Monster in die zivilisierte Welt, sondern diese - in Form von Abenteurern, Expeditionen, Rettungsmissionen, Schatzsuchern und dergleichen mehr - in die Welt des Monsters. Der italienische Kannibalenfilm konterkariert an diesem Punkt die kannibalische Bestialität gern mit Gier, Raubbau, Vergewaltigung und Mord durch die Weißen um einen oberflächlichen Vorwand und Rechtfertigungsgrund für die anschließenden Gewaltausbrüche der Nativen vorweisen zu können. Ein Perspektivwechsel zum Kannibalen macht den Eindringling dann zwangsläufig zum Monstrum, welches in logischer Konsequenz der

211 Vgl. Höltgen (2002), S. 13-16.

Regeln eines Horrorfilms als ebensolches bekämpft und schlussendlich auch vernichtet werden muss. Diese Aussagekraft zu Gunsten fremder, nativer Kultur wird durch Rassismus und strengen Ethnozentrismus jedoch vor dem Rezipienten verborgen. Der Native verkommt hier zur rassistisch inszenierten, primitiven Bestie in einem beinahe instinktiven Blutrausch und wird als schmutziger und kulturfreier Gegenentwurf jeglichen Identifikationspotenzials für den Betrachter entrückt. Die dabei zur Schau gestellte Brutalität ist in ihrer Intensität nahezu beispiellos geblieben. Erst die modernen Beiträge zum sogenannten Terrorkino bringen wieder ähnliche Körperdestruktionen hervor, allerdings stets in einem anderen, bisher nie nativ-kannibalischen Kontext. Demzufolge ist die detaillierte Zerstückelung menschlicher Körper im Film als Novum der Zeit gleichzeitig Abschreckung und Faszinationsbestandteil des Zuschauers gewesen, der trotz aller zur Schau getragener, zivilisierter Arroganz immer noch die Sympathien der Kinogänger in Form mindestens einer unschuldigen, meist weiblichen Person in der Gruppe bündeln konnte. Die Wahrnehmung des Kannibalen blieb stets auf die unmenschliche Bestie beschränkt, die final den grausamen Sieg über den Eindringling erringt (oder diesen zumindest in die Flucht schlägt) und sich so vor dem zivilisierten Zugriff bewahrt. Jedoch wird hier nie eine achtenswerte Kulturform vor missionarischer Destruktion geschützt, sondern immer nur eine rückständig-primitive Urform menschlichen Zusammenlebens, welche als durchaus verachtungswürdig präsentiert wird.

10 Der Kannibale im historischen und historisierenden Film

10.1 Von historischen Wahrheiten im Film

Die Betrachtung des historischen Films[212] ist hier aus zweierlei Gründen von großer Bedeutung. Zum einen ist er als audiovisuelle Verbildlichung ein populärer Vermittler einer auf wenige Personen zurückgehenden Vorstellung von dem, was wahrhaftig und wirklich geschehen ist. Er suggeriert, die historische Wahrheit zu zeigen. Bei Verfilmungen auf Quellenbasis eröffnet sich jedoch eine gravierende Problematik, die der Historizität widerspricht, denn einerseits ist der Film nur eine Interpretation, andererseits ist bereits die zu Grunde liegende Quelle nur perspektivische Auslegung des Gesehenen. Meist aus der Erinnerung oder nach Erzählungen verfasst sowie häufig in Stil, Thematik und Drastik den Wünschen eines zeitgenössischen Publikums angepasst, durchläuft diese Beschreibung der nun bereits vermeintlichen Realität eine weitere künstlerische Umformung, Ergänzung und Dramatisierung durch mindestens einen Drehbuchautor. In den Film wird diese neuerliche Interpretationsebene dann unter künstlerischer Leitung eines Regisseurs übertragen, der wiederum von Produzenten und Studios unter ökonomischen Gesichtspunkten beeinflusst wird. Hier wird eines deutlich: Der historische Film kann keine wahrhaftige Vergangenheit zeigen, sondern ist ein Pool von Ideen und mehrstufigen Interpretationen unterschiedlichster Beteiligter, die aus vielfältigen Motiven heraus Veränderungen beisteuerten.

Zum anderen ist die Betrachtung des historischen Films eine zwingende Notwendigkeit, da der Film ein größeres Publikum erreicht als etwa eine wissenschaftliche Abhandlung zum selben Thema. Dies erhöht zwangsläufig die Wahrscheinlichkeit, dass die Interpretation eines Ereignisses durch Wenige die Vorstellung vom selben Ereignis Vieler nachhaltig prägt. Das Hinterfragen der filmischen Inszenierung der Kannibalen, gerade im historischen Film, kann somit eine rudimentäre Skizze der populären und allgemeinen Vorstellung vom nativen Menschenfresser hervorbringen. Empirisch beweisen ließe sich dies zwar

---

212 Der Begriff *historischer Film* wird im Folgenden als die Verfilmung eines historischen Stoffes auf Quellenbasis verstanden, *historisierender Film* meint hingegen eine sehr lose und entsprechend freie Quellenanlehnung oder gar nur die Suggestion einer angenommenen historischen Realität ohne tatsächliche Bezüge mit Faktenanspruch, die über eine Vorstellung von der historischen Zeit hinausgehen.

nur schwerlich, aber der Gedanke, dass das Publikum eine dargebotene Interpretation in einem pseudo-historischen Kontext als zumindest realitätsnah auffasst und die eigene Vorstellung davon entsprechend ergänzt - sofern Unterschiede vorzufinden sind -, ist verlockend. Somit ließen sich zumindest theoretisch durch die Analyse des Kannibalen-Klischees im vermeintlich historischen Film Rückschlüsse auf gängige, im allgemeinen Verständnis verankerte Stereotypen ziehen. Diese komplettieren oder bestätigen den bisher erarbeiteten Motivkanon im Allgemeinen und die entsprechende filmische Weiterinszenierung im Speziellen.

10.2 Ridley Scotts Wahrhaftigkeitsanspruch im Spiegel geifernder Kariben

Ihren Artikel über Ridley Scotts 1492 einleitend, konstatierte Wehrheim, dass sich gerade im Medium Film veraltete Topoi als resistent gegen Veränderungen erweisen. „(...) [U]nd so scheint der Film immer wieder Mythen ‚fortzuschreiben‘, die an anderen Orten gerade kunstvoll entzaubert worden sind.“[213] Da Formen historischer „Entzauberung“ durch entsprechende Forschung vorgenommen werden, ist der Kreis des rezipierenden Publikums üblicherweise stark eingeengt, wohingegen der Film eine stetig wachsende Zuschauermenge erreicht. Einfache, weil passive Konsumierbarkeit mittels Bild und Ton stehen gegen das geschriebene Wort mit fachsprachlichem Duktus. So kann der obsolete und kulturdegradierende Kannibalen-Mythos dank medialer Präsenz auch im vermeintlich nichtfiktionalen historischen Film erhalten bleiben und kontinuierlich fortgeschrieben werden.

Eine indoktrinierende Meisterleistung in polarisierender Inszenierung und dramaturgischem Aufbau ist hierbei die Kariben-Episode in Ridley Scotts 1492 - DIE EROBERUNG DES PARADIESES (1492: CONQUEST OF PARADISE, Frankreich/Spanien 1992,[214] Regie: Ridley

---

213 Wehrheim (2007), S. 3. Hierbei handelt es sich nicht um eine Generalisierung der Kritik an historischen Filmen. Es ist lediglich ein Hinweis.

214 Die Entdeckung Amerikas durch den Seefahrer Christopher Kolumbus war für die Kultur- und Menschheitsgeschichte ein in höchstem Maße prägendes Ereignis, was sich nicht zuletzt in einer Fülle von medialer Reflektion im Jubiläumsjahr 1992 niederschlägt. Unter anderem wurden die Arbeiten an vier (!) Verfilmungen des Stoffes abgeschlossen. Eine Betrachtung des US-amerikanischen CHRISTOPHER COLUMBUS - Der Entdecker (CHRISTOPHER COLUMBUS: The Discovery, USA 1992, Regie: John Glen) wird hier allerdings außen vor gelassen, da thematisch nur die erste Reise des Kolumbus inszeniert wurde. Laut Wehrheim lasse sich hier angedeutete Histo-

Scott).[215] Der US-amerikanische Regisseur legte ein bildgewaltiges Epos vor, welches für sich beansprucht, der historischen Wahrheit so genau wie möglich zu entsprechen, also wahrhaftig zu sein.[216] Entsprechend aufschlussreich sollte die Betrachtung der Inszenierung der Kariben eingebettet im filmischen und wahrheitsversprechenden Kontext für die dadurch vermittelte Vorstellung vom kannibalischen Ureinwohner sein.

Nachdem Kolumbus (Gérard Depardieu) auf seiner zweiten Seereise zu den karibischen Inseln zurückkehrte, trifft er keinen der zurückgebliebenen Siedler an.[217] In Formation treten die Spanier am Strand an. Zur musikalischen Untermalung wird das Hauptthema des Vorspann-Musikstücks erneut aufgegriffen, welches dort unterlegt mit in rot getauchten Illustrationen von Theodor de Bry erst die Entdeckung und anschließend die gewaltsame Eroberung der Neuen Welt illustriert.[218] Ein Verweis auf den Ursprung des Wahrhaftigkeitsanspruchs könnte hier bereits vorliegen: Eine kontrovers diskutierte, reißerisch aufgebaute Buchillustrationsreihe zu einem aus der Erinnerung verfassten Reisebericht. Durch diesen Rückgriff auf den De-Bry-Vorspann wird ein akustischer Bruch geschaffen und die Zweiteilung des Films deutlich: Ab diesem Punkt ist ein Wechsel vom Paradies zur Hölle vollzogen. Das Kontaktszenario beim zweiten Zusammentreffen hat sich gravierend geändert und erscheint militärisch organisiert statt von Neugier motiviert. Und der Grund hierfür wird im Anschluss verdeutlicht: Es sind die Anderen! Die Spanier finden die Überreste der Siedlung und einige Leichen. In Feuerstellen sind ihre ausgebrannten Schädel zu erkennen, auf Stäben im Boden ist Kopfhaut und Haar plat-

---

rizität im Mantel- und Degengewand erkennen. Die Geschichte der Entdeckung und ihrer Folgen diene hier als loses Gerüst. Die beiden aufs selbe Jahr zu datierenden Persiflagen auf das Thema werden ebenfalls nicht berücksichtigt, vgl. hierzu ausführlich ebd., S. 5f., speziell Anm. 7.

215 Der hier eventuell verfälschte, ambivalente Charakter und die entsprechend unterschiedliche Wahrnehmung und Inszenierung des Menschen Christopher Kolumbus durch Wissenschaft und Film sollen hier nicht Thema sein. Vgl. hierfür einleitend Wehrheim (2007), S. 3-25 und dort angegebene, weiterführende Literatur.

216 Vgl. Hinweise zum Wahrhaftigkeitsanspruch durch Ridley Scott, ebd., S. 12.

217 39 Männer mussten mehr oder weniger freiwillig in der Neuen Welt bleiben, da die Santa María am 24./25. Dezember 1492 gestrandet war, vgl. Lebek (2001), S. 90. Der Film gestaltet dies eher als aufopferungsvollen, freiwilligen Akt aus Abenteuerlust und Entdeckerdrang.

218 Vgl. Wehrheim (2007), S. 8ff.

ziert worden.[219] Es wird von Eingeborenen erklärt, dass die Kariben vom Meer aus kamen und die Siedler töteten. Der musikalische Bogen zum unheilvollen Vorspann separiert auf diese Weise sowohl inhaltlich als auch akustisch den ersten Teil, die Entdeckung und den glanzvollen Ruhm des Kolumbus, vom nun folgenden sozialen Abstieg. Dieses sich stetig zuspitzende, persönliche Höllenszenario findet eine erste gewaltsame Entladung im dämonisch inszenierten Auftritt des Kariben-Stammes.[220]

Ein menschenleeres Dorf wird gezeigt und mit exotischen Urwaldgeräuschen unterlegt. Zunehmend wird die Geräuschkulisse des Dschungels durch das Surren der Fliegen zuerst ergänzt und dann durch stetige Steigerung der Lautstärke und Überlagerung des Tons vollständig ersetzt. Parallel dazu sind Menschenschädel zu sehen und durch einen direkt anschließenden Schnitt mit aufgehängten Häuten und Fleisch in Zusammenhang gebracht worden. In dieses Szenario dringen die Spanier mit gezogenen Schwertern. „Der spanische Rachefeldzug (...) wird so gleichsam zu einem gerechten Kampf gegen das Barbarische (...)."[221] Bevor nun die Hölle über die Spanier hereinbricht, findet Kolumbus einen von der Decke hängenden menschlichen Brustkorb mit trockenem Fleisch daran. Somit ist jeder Zweifel eliminiert und die Kariben sind - ganz in der Tradierung de Brys - klar als Menschenschlachter stigmatisiert.[222] Hierzu bedarf es weder einer Darstellung des kannibalischen Aktes per se, noch eines Topfes, der das Verspeisen in klassischer Manier symbolisieren oder zumindest die Absicht anzeigen könnte. Bereits die Anhäufung und Kontextualisierung

---

219 Ein Hinweis auf ein Motiv, welches in Western gern verwendet und als gängige indianische Praxis im Umgang mit Feinden inszeniert wird.

220 Dem Angriff auf die Kariben sind Szenen des Siedlungs- und Kirchenbaus und erster gravierender Konflikte zwischen Kolumbus und dem Adel vorgeschoben. Auch die Ausbeutung der Indianer zur Goldsuche ist thematisiert. In einer kurzen Sequenz ist lediglich schemenhaft durch eine Gegenlichtaufnahme eine Gruppe Indianer zu erkennen. Ihr Angriff auf die Minen und der Tod einiger Soldaten und Siedler ist erst am nächsten Tag sichtbar.

221 Wehrheim (2007), S. 18. „In synästhetischer Manier wird der Gestank durch nunmehr ohrenbetäubendes Summen der Fliegen evoziert. Dass sich die Spanier übergeben, verweist indes nicht nur auf den Ekel, den das in tropischer Hitze vor sich hingammelnde Fleisch provoziert, sondern auch auf die Ahnung davon, woher das Fleisch stammt." Ebd., S. 17.

222 Diese Szenen entsprechen nicht nur diversen Illustrationen de Brys, sondern auch detailliert einem Bericht Petrus Martyr de Anglerias an Pomponius Laetus (Giulio Pomponio Leto), der bei Lebek in Übersetzung abgedruckt ist, vgl. Lebek (2001), S. 108-110.

einiger Attribute, Andeutungen und Parallelen zu bekannten Motiven verweisen in ausreichendem Maße auf den nativen Kannibalismus. Ein letzter Blick nach oben zur durch gitterähnliche Holzgerüste scheinenden Sonne verdeutlicht den vollzogenen Abstieg in die Hölle, die sich in Anlehnung an Dantes Höllenzirkel immer weiter zuspitzte. Es kommt, was kommen muss: Menschenfressende Dämonen brechen aus ihren Verstecken und fordern erste Opfer. Zäune, Gitter, Hütten und Lehmwände bilden dabei einen unüberschaubaren Irrgarten, in dem Kolumbus auf sich allein gestellt seinem persönlichen Albtraum ins Gesicht sieht. Mit animalischen Lauten stürzt sich ein grotesk geschmückter Eingeborener auf ihn. Kontrastiert und schemenhaft noch schwärzer wird er durch im Hintergrund lodernde Feuer. Der Einsatz von Zeitlupe streckt diesen Moment des Grauens künstlich. Vom Schwert aufgespießt speit er weiße Flüssigkeit, taumelt zurück und ergeht sich in undefinierbarem Geschrei. Dies ist eine Szene, die einem Anspruch auf Historizität nicht weiter entrückt sein könnte. Der geifernde, Schaum-speiende Kannibale erinnert eher an Scotts Science-Fiction-Meisterwerk ALIEN[223] als an eine authentisch-historische Verfilmung, da er in Gebaren, Geschrei und Inszenierung deutliche Parallelen zum Androiden Ash (Ian Holm) aufweist, der nach seiner Teilenthauptung erstaunlich ähnlich agiert.

Während die Schlacht in ihrer grausamen Gesamtheit gezeigt wird, stürzt Kolumbus blutverschmiert ins Kriegsgetümmel. Es folgt ein kontrastreicher Schnitt zu absoluter Ruhe bei Kerzenschein und leisem Grillenzirpen, wo sich Adrian de Moxica (Michael Wincott) in einer Pontius Pilatus gleichenden Geste die Hände reinigt. Der wenig später einen gewaltsamen Aufruhr anstiftende Adlige erscheint in diesem Kontrast zu den Kariben zum einen sehr menschlich und zum anderen weit weniger gefährlich.

Scotts gesamter Film ist auf derartige Gegensatzpaare aufgebaut. Er nutzt symbolisch Schwarz und Weiß für eine polarisierende Inszenierung. So wie Kolumbus in weiß gekleidet und ständig in mystischem Licht stehend mit dem adligen Moxica kontrastiert wird, der ganz in schwarz gekleidet auf einem unruhigen schwarzen Pferd auftritt, so stehen auch die rotbraunen, friedlichen Indianer der besonders dunkel und bestialisch inszenierten Indianergruppe der Kariben entgegen.[224] Das Scheitern des friedlichen Zusammenlebens wird hier nicht der Gier nach Gold und der Enttäuschung über die geringe, vor-

---

223 ALIEN - Das unheimliche Wesen aus einer fremden Welt (ALIEN, Großbritannien/USA 1979, Regie: Ridley Scott).

224 Vgl. Wehrheim (2007), S. 14ff.

gefundene Menge angehaftet. Die Schuld am Wandel von Paradies zur Hölle ist hier viel eher den Kariben und dem spanischen Adel angelastet, die inszenierten Parallelen zwischen Kannibalen und Moxica bestätigen dies.[225] Wehrheims Urteil fällt entsprechend eindeutig aus: „Wir haben gesehen, wie sich der Film auf kolonialzeitliche Texte und die hier entworfenen Bilder bezieht und sie intermedial reaktiviert. Er rekurriert dabei alte Topoi, die er in ein modernes Repertoire der Bilder, des Begehrens und der Sehnsüchte integriert."[226] Dem sei, gerade mit Blick auf Scotts Wahrhaftigkeitsanspruch, nichts hinzuzufügen. Denn in der Tat entsprechen seine Kariben in Form reißender und blutdurstiger Bestien dem unreflektiert übernommenen Kannibalen-Bild der frühen Neuzeit. Ihre dramaturgische Zuspitzung zu dämonischen Kreaturen, völlig frei von Menschlichkeit, verweist Scotts Inszenierung eher in die vertierte und rassistische Kannibalen-Kategorie als in die historische. Und gleichzeitig kennzeichnet er seine Interpretation der historischen Realität durch Parallelen zu ALIEN eigenständig als durch und durch fiktional.

10.3 Hans Staden reloaded

10.3.1 Die Tupinambá auf dem kulturellen Prüfstand

Einen bemerkenswerten Blick auf den nativen Kannibalen liefert der brasilianische Film HANS STADEN (A JUNESCHE BEEN ERMI URAMME, Brasilien 1999, Regie: Luiz Alberto Pereira).[227] Dieser schildert detailliert und über die gesamte Laufzeit die Kultur eines kannibalischen Ureinwohnerstammes in Brasilien. Damit ist er nahezu einzigartig und funktioniert als Gegenentwurf zur diskursiven Rechtfertigung von Kolonialismus, welche durch zahlreiche Verfilmungen fortgeschrieben wird.

Der Film wurde Ende 1999 in Brasilien veröffentlicht, pünktlich zum fünfhundertsten Jubiläum der Entdeckung des Landes. Er erzählt die Geschichte des gleichnamigen Protagonisten aus dem hessischen Homberg, der als historische Figur zweimal nach Brasilien reiste. 1554 geriet er bei São Vincente in die Gefangenschaft der Tupinambá-Indianer, welche mit den Franzosen verbündet und mit den Portugiesen

225 Vgl. ausführlich ebd., S. 17.

226 Ebd., S. 22.

227 Der brasilianische Filmtitel findet sich in identischem Wortlaut in Stadens Ereignisbericht und bedeutet übertragen „Jch ewer essenspeise komme", vgl. Lustig (2007), S. 81. Dies waren die Worte, mit denen er sich nach seiner Gefangennahme im Dorf der Ureinwohner ankündigen musste.

verfeindet waren. Bei diesen verbrachte er über neun Monate und war für die rituelle Tötung und Verspeisung vorgesehen.[228] Gemessen an der Chronik ist der Film HANS STADEN sehr detail- und werkgetreu.[229] Er ist jedoch nicht nur Verfilmung im Sinne einer Übertragung der schriftlichen Basis in ein anderes Medium, er ist auch historisierende Interpretation, was sich in der Ergänzung von Passagen äußert, die in der Chronik nicht existieren.[230]

Interessant ist in diesem Zusammenhang die Frage, ob der brasilianische Blick auf die eigene Vergangenheit eine vorurteilsfreie Perspektive ermöglicht oder ob diese in groben Zügen durch die literarische Vorlage gegeben war. Dass genau dieser Stoff verfilmt wurde, ist offenbar ein brasilianisches Charakteristikum. Das Interesse an der eigenen Geschichte brachte diesen Film hervor. Aber auch der Wille, eine authentische Sprachfassung abzuliefern und dem brasilianischen Publikum so ein Dokument der Vergangenheit vorzulegen, scheint treibende Kraft gewesen zu sein, denn die auffälligste Besonderheit an diesem Film ist, dass er in mehreren Originalsprachen inszeniert wurde.[231] Durch den Einsatz der Tupi-Sprache versucht der Film, die Frage

---

228 Bei Brottman findet sich unter Berufung auf René Girard der Hinweis, dass die Integration eines zum Verzehr bestimmten Gefangenen in die Stammesgemeinschaft bereits ein kannibalischer Akt sei, genauer: symbolischer Kannibalismus, vgl. Brottman (2001), S. 11f. Der Film enthält folglich mehrere Varianten von Anthropophagie. So den symbolischen Kannibalismus durch die Einverleibung des Gefangenen in den Stammescorpus und gleichzeitig Kannibalismus als Befreiungsmetapher im Sinne eines kulturrevolutionären Aktes durch das Lossagen von den Ketten Anderer. Man verschlingt quasi das kulturelle Diktat der Besatzer und ersetzt es durch etwas Eigenes. Schließlich findet sich auch der reell praktizierte, rituelle Kannibalismus.

229 Lediglich neun von sechsunddreißig Kapiteln, die sich thematisch an Stadens Gefangenschaft halten, wurden nicht direkt verfilmt. Vgl. die detaillierte Aufschlüsselung bei Lustig (2007), S. 88. An anderer Stelle konstatiert Lustig zusätzlich, dass „(...) ein Maximum des Erzähltextes filmisch realisiert (...)" wurde, ebd., S. 91. Der Film überträgt aber nicht nur relativ werkgetreu die Chronik Stadens, er orientiert sich auch an den Illustrationen der unterschiedlichen Ausgaben. So beispielsweise an den Holzschnitten eines anonymen Marburger Illustrators in der Erstauflage (ebd., S. 81f.) und an denen des flämischen Graveurs Theodor de Bry (ebd., S. 94f.).

230 Vgl. ebd., S. 89. So kommt auch dieser Film nicht ohne tragische Liebesgeschichte aus. Die regelmäßig präsente Beziehung zu einer Stammesangehörigen ist reine Fiktion und in Stadens Chronik nicht enthalten. Nach Lustig tendiert man zu der Annahme, „(...) dass es sich bei der Liebesgeschichte um eine publikumsgefällige Dreingabe handelt (...)." Ebd., S. 90.

231 „Die Indianer sprechen (...) untereinander *tupi antigo*, Staden selbst spricht je nach Gesprächspartner entweder ebenfalls Tupi oder aber Portugiesisch

nach den kulturellen Wurzeln Brasiliens offensiv zu beantworten.[232] In dieser Intention unterscheidet er sich wesentlich von anderen Filmen, die durch Originalsprachen (oder von einer Vorstellung davon) lediglich Authentizität suggerieren wollen.[233]

Die Vorgeschichte wird durch eine Zusammenfassung aus dem Off recht schnell abgehandelt. Der Film schildert anschließend das Leben Stadens unter den Indios, die hauptsächlich Muscheln als Schmuck und spärliche Stofffetzen über ihrer rötlich-braunen Haut tragen, und liefert ein umfangreiches Sittengemälde. Die Beleuchtung ihrer Kultur ist das tragende Element der Verfilmung. Sprache, Kleidung und Alltagsleben, Religion, Ernährungsgewohnheiten, Trauer und Bestattungszeremonien, Arbeit und Jagd werden detailliert gezeigt. Insgesamt sind gerade die nativen Riten spannungsreich inszeniert. Gesang, Musik, rhythmischer Tanz, Bewegung. Es wird ein objektiver Blick auf untergegangene Kulturformen suggeriert, bereits dadurch, dass die Rituale nicht kommentiert oder erklärt werden und somit für sich sprechen und zur Deutung auffordern. Dies erweckt das Gefühl einer authentischen Darstellung, auch wenn sie im Detail nur mäßig korrekt ist.[234] „Die indianische Kultur gerät dadurch allerdings keineswegs in ein besonders günstiges Licht."[235] Durch das aggressive und teils krie-

---

und bedient sich als Erzähler des Neuhochdeutschen." Ebd., S. 77. Hinzugefügt sei, dass vereinzelt Französisch gesprochen wird, so von den Handelsmännern, die in das Dorf kommen, und auch auf dem Schiff, das Staden in die Freiheit bringt.

232 Vgl. ebd., S. 94ff.

233 Genannt seien hier Mel Gibsons DIE PASSION CHRISTI (THE PASSION OF THE CHRIST, USA/Italien 2004, Regie: Mel Gibson), welcher ausschließlich in hebräischer, lateinischer und aramäischer Sprache mit Untertiteln veröffentlicht wurde, und APOCALYPTO (APOCALYPTO, USA 2006, Regie: Mel Gibson), der in Mayathan veröffentlicht wurde. Hier werden die alten Sprachen nur für die Aura der Authentizität genutzt. Gefahr besteht folglich in der möglichen Geschichtsverfälschung (beispielsweise durch notwendige Dramaturgie), die vom Publikum als eine solche nicht wahrgenommen werden kann, da der Film besonders durch die Sprache suggeriert, die historische Wahrheit zu zeigen. Für HANS STADEN holen die Brasilianer durch die Rückübersetzung des Basistextes in die Sprache der Tupinambá die Geschichte in einem quasi „anthropophagischen Akt" wieder zu sich zurück. Sie entreißen die Geschehnisse der europäischen Perspektive und führen sie ihrem brasilianischen Ursprung zu, vgl. ebd., S. 96. Dass Lustig hier zur Beschreibung des Aktes einer kulturellen Selbst- und Neuerfindung die kannibalische Metapher nutzt, ist bezeichnend.

234 Vgl. detailliert ebd., S. 90f.

235 Ebd., S. 91.

gerische Gebaren geht das Topos vom „edlen Wilden" verloren.[236] Jedoch ist diese Darstellung der Ureinwohner frei vom Vorwurf eines invertierten Ethnozentrismus. Sie sind Menschen mit eigener Kultur, eigenen Bräuchen und auch mit eigenen, allzu menschlichen Fehlern. Das macht sie glaubwürdig.

Der einzige dargestellte kannibalische Akt ist den Beschreibungen Stadens und entsprechenden Illustrationen de Brys entlehnt. Die Tupinambá schmücken sich festlich für das bevorstehende Mahl. Ein Kessel steht auf einem Feuer, die Keule, die den Schädel des Opfers zertrümmern soll, wird durch die Frauen feierlich bemalt und durch Tanz und Gesang geweiht. Im Rahmen einer Zeremonie wird der Feind vorbereitet und hingerichtet.[237] Die Frauen stürzen sich auf den Leichnam und reiben sich mit dem Blut ein. Es folgt ein zeitlicher Schnitt in eine Hütte, in der das Mahl stattfindet. Hierdurch wird zum einen der Zusammenhang beider Szenen deutlich, zum anderen dem Zuschauer aber auch das Ausweiden, Zerlegen und Zubereiten der Leiche erspart. Das Fleisch wird in einem großen Topf mit Wurzeln, Gemüse und Gewürzen gekocht, ein menschliches Ohr ist darin schwimmend zu erkennen. Der Kannibalismus ist hier zwar nicht frei von notwendiger Dramaturgie und musikalischer Zuspitzung inszeniert, wird aber trotzdem durch kulturellen Kontext als uns zwar fremder, aber nicht unmenschlicher Akt dargestellt. Es handelt sich um einen Racheakt und eine erweiterte Form der dauerhaften Inhaftierung des Feindes. Dieser trägt sein Schicksal mit sichtlicher Gelassenheit, da sein eigener Stamm nicht anders handeln würde.

---

236 Eine Episode des Films ist besonders erwähnenswert: Auf Streifzügen durch den Dschungel entdeckt Staden einen entflohenen Sklaven. Die Tupinambá wollen ihn töten, da sie ihn wegen seiner schwarzen Hautfarbe fürchten. Staden aber schützt ihn. Eine derartige Szene gibt es in der Chronik nicht, sie ist reine Fiktion des Drehbuchautors. „Die Rassisten sind hier die Indianer, nicht die Europäer. Vor dem Schwarzen haben sie eine im Wortsinne höllische Angst, denn sie halten ihn für einen Teufel und stimmen schließlich eine Art exorzistischen Gesang an." Ebd., S. 90. Staden erscheint unter diesem Gesichtspunkt und im Kontrast zum Verhalten der Indianer als frommer Humanist, weltoffen und tolerant.

237 Gerlach, der rituellen Kannibalismus als kulturelles Phänomen betrachtet, sieht ihn im Schulterschluss mit Eli Sagan als „(...) eine Form institutionalisierter sozialer Aggression (...)", die entsprechenden Regeln unterworfen sei. Vgl. Gerlach (1996), S. 221. Eine Variante eines solchen Regelwerks bei Hinrichtung und Zubereitung wird dem Rezipienten hier eindringlich zugänglich gemacht.

HANS STADEN ist somit weniger Abenteuer- als doch viel mehr Kannibalenfilm im Wortsinne. Zwar strebt nicht alles der Zerstörung des Leibes und dem anschließenden Verzehr entgegen, aber die Angst davor ist ein tragendes Element des Films. Auch steht der anthropophage Indio und speziell der Versuch einer detaillierten Darstellung seiner Kultur im filmischen Mittelpunkt. Staden hingegen ist nicht das Zentrum der filmischen Narration, obwohl der Film nach ihm benannt ist.[238] Im Unterschied zum Kannibalenfilm im italienischen Sinne wird der Kannibalismus hier auf loser Quellenbasis aus kulturell aufgeschlossener Perspektive inszeniert. Neugier und Faszination des Rezipienten werden zwar ebenfalls befriedigt, das ist dem Thema an sich schon immanent, jedoch wird hier großer Wert auf eine glaubwürdige Kulturreflexion gelegt und der Native dem rassistisch verklärten Blick entrückt.

10.3.2 Frühere Tupinambá-Rezeption

Die HANS-STADEN-Verfilmung von 1999 ist im brasilianischen Raum nicht der erste filmische Rückgriff auf Stadens Chronik.[239] Bereits 1971 erschien der Film HOW TASTY WAS MY LITTLE FRENCHMAN (COMO ERA GOSTOSO O MEU FRANCÊS, Brasilien 1971, Regie: Nelson Pereira dos Santos). Deutliche Parallelen zwischen beiden Filmen in Aufbau und Ablauf der Geschichte, Inszenierung des Naturvolks und dessen Sittenbeschreibung verweisen auf den gemeinsamen Ursprung. Teilweise sind komplette Sequenzen verblüffend ähnlich. Allerdings will HOW TASTY (...) eher schwarzhumoriger Abenteuerfilm als authentischer Historienfilm sein. Einer gewissen Historisierung kann er sich aber nicht verschließen. So ist bereits der Vorspann auf den bekannten Hans-Staden-Illustrationen de Brys aufgebaut. Auch ist der Film reichhaltig mit Zwischentiteln durchzogen, die in hellem Rot auf schwarzem Grund präsentiert werden und sich aus Zitaten historischer Personen (u. a. Jean de Léry und Hans Staden) zu den brasilianischen Ureinwohnern, Kannibalismus und anderen Sitten zusammensetzen. Dass die vorangegangenen oder nachgestellten Filmszenen diesen Zitaten dann widersprechen oder sie zumindest kontrastierend in einem anderen Licht erscheinen lassen, ist eine Quelle des sehr dezenten Humors im Film.

238 Vgl. Lustig (2007), S. 97.

239 Stadens Geschichte und die Niederschrift seiner Erlebnisse ist in Brasilien wesentlich bekannter und beliebter, als es in Europa der Fall ist, vgl. ebd., S. 83f.

Spannend an der Geschichte um einen von Indianern gefangenen, französischen Söldner (Arduíno Colassanti) ist, dass hier trotz humoristischer Ausrichtung versucht wurde, ein realistisches - oder zumindest ein als realistisch angenommenes - Bild der Tupinambá, basierend auf der Chronik Stadens, zu zeichnen. Der kannibalische Racheakt wird auch hier als kultureller Bestandteil dargestellt, er ist den Nativen etwas Selbstverständliches. Sich der Kultur anpassend erkennt der Franzose dies an (allerdings in der unlogischen Hoffnung auf eine Form christlicher Gnade). Damit ist auch erklärbar, dass er sich seinem finalen Schicksal ergibt, nachdem ihn der Kulturschock ein letztes Mal hart traf. Nach errungenem Sieg über einen verfeindeten Stamm[240] wird er nämlich nicht etwa aus Dankbarkeit für seine Hilfe freigelassen, sondern zur Schlachtung bestimmt. Er versteht offenbar die Notwendigkeit der Tat und akzeptiert seine Rolle innerhalb des Rituals. Das Verhalten seiner indianischen Frau illustriert hier zusätzlich die Selbstverständlichkeit, mit der seine Tötung von Anfang an betrachtet wurde, ungeachtet seiner Hilfe sowie seiner Anpassungsversuche. Sie beschreibt ihm detailliert den Ablauf der Tötung. Die von ihr rezitierte Ansprache des Henkers enthält den Racheaspekt, also einen Hinweis darauf, dass Kannibalismus als kriegerischer Akt verstanden wird. Anschließend wird ihm die Art und Weise der Fleischzubereitung erklärt. Später im Dorf werden am noch lebenden Menschen die begehrten Fleischstücke begutachtet und schon den einzelnen Stammesangehörigen zugewiesen. Sein finaler, verzweifelter Fluchtversuch wird durch seine Frau vereitelt, welche anschließend auch bei der Hinrichtung anwesend ist und sich sichtlich an dem Gedanken erfreut, in Kürze frisches Menschenfleisch zu bekommen.

Der lange Weg des Rezipienten durch die dargestellte Kultur des Stammes schmälert am Ende ein wenig die Ungeheuerlichkeit der Tat, obwohl deren tatsächliche Durchführung den Betrachter dennoch wie ein Schlag trifft, da sie seiner Moralvorstellung diametral gegenüber steht. Dass sich der Franzose beinahe bereitwillig und gelassen fügt, gibt allerdings zu denken. Eventuell sind dies und der Akt seiner Tötung überhaupt erst möglich, da der Glaube des Franzosen und seine christlichen Werte im Film nicht thematisiert werden. Die Religiosität und die Gottheit der Tupinambá werden wesentlich häufiger ange-

---

240 Der Konflikt mit den Portugiesen und ihrem verbündeten Stamm wird in diesem Film stärker thematisiert als bei HANS STADEN. Der Häuptling ist erpicht darauf, möglichst viel Schießpulver für Racheakte gegen die Feinde zu erhalten. Eine regelrechte Kriegssucht ist dargestellt worden.

sprochen als das Christentum, dessen Erwähnung über die gesamte Laufzeit eher Randbemerkung bleibt.

Hans Staden hingegen konnte in diesem nativen Dorf nicht sterben, sein permanent thematisierter Gottglaube mussten ihn und den Rezipienten davor bewahren.

10.4 Kannibalen, wo eigentlich keine sein sollten: CABEZA DE VACA

CABEZA DE VACA (CABEZA DE VACA, Mexiko 1991, Regie: Nicolás Echevarría) erzählt die Geschichte des Spaniers Álvar Núñes Cabeza de Vaca und seiner Odyssee über den amerikanischen Kontinent. Acht Jahre durchstreifte der Konquistador Mittelamerika vom heutigen Florida aus über Mexiko nach Kalifornien.[241]

Gegen Mitte des Films gerät Cabeza de Vaca (Juan Diego) in die Gefangenschaft eines Indianerstammes, der sich mit blauen Pigmenten einfärbt. Hier trifft er auf Gefangene, die an Pfähle gefesselt sind. Unter ihnen befindet sich Esquivel (Óscar Yoldi), ein Teilnehmer der ursprünglichen Expedition. Er berichtet vom quälenden Hunger, den die Spanier auf ihrer Reise hatten und dass sie begannen, ihre Toten zu essen. Er, Esquivel, war der letzte. Dies berichtet er nicht ohne Stolz, während er sich lüstern den Bauch reibt. Unterdessen umtanzen einige der Eingeborenen zu rhythmischen Klängen die Pfähle, andere schaffen einen großen Kessel herbei. Während der nächtlichen Zeremonie agieren ausschließlich nackte, blau und weiß eingefärbte Frauen. Sie umgarnen die Gefangenen. Die Wehrlosen wenden den Blick ab, bis auf Esquivel, der ihnen lüstern nachsieht. Er wird daraufhin vom Pfahl gelöst und mit der Keule erschlagen.

Spannend an der Szene mit den blauen Amazonen, die den gesamten Auftritt des Stammes dominieren, ist ihre Rezeption. Die Begriffe *Kannibale* und *Menschenfresser* fallen ebenso wenig im Film wie auch in der literarischen Grundlage.[242] Auch kennt die Quelle blaue Indianer und kannibalische Ureinwohner per se nicht, wodurch sie klar der Fantasie

241 Vgl. *Schäffauer, Markus Klaus*: Bilder des Unsagbaren: *Cabeza de Vaca*. In: *Fendler, Ute; Wehrheim, Monika (Hrsg.)*: Entdeckung, Eroberung, Inszenierung. Filmische Versionen der Kolonialgeschichte Lateinamerikas und Afrikas, München 2007, S. 101-115, hier S. 101.

242 Obwohl im Bericht von Cabeza de Vaca von Hungerkannibalismus unter den Spaniern die Rede ist, vgl. Schäffauer (2007), S. 108.

des Regisseurs zuzuschreiben sind.[243] Es wurde jedoch ein menschenfressender Amazonenstamm rezipiert.[244] Betrachtet man den Stammesauftritt im filmischen Kontext, fällt auf, dass die vorangestellten Szenen der Wanderschaft mystisch, hypnotisch und albtraumhaft inszeniert sind, sodass man die blauen Indianer nebst der Fantasie des Regisseurs auch einem Albtraum zuschreiben könnte. Und zwar einem, den Cabeza de Vaca aus kolonialistischen Urängsten und fundamentaler Xenophobie heraus gehabt haben könnte, ist der Konquistador doch dem Land und seinen Bewohnern hilflos ausgeliefert, was vertauschten Rollen gleichkommt. Durch die extreme Überspitzung des Äußeren sind diese Kannibalen zusätzlich und offenbar absichtlich der Realität entrückt. Sie funktionieren hier auf rein metaphorischer Ebene.

Das Verspeisen des Opfers wird nicht angedeutet.[245] Die Art der Hinrichtung in Verbindung mit einem Kessel sowie die kontextuelle Erwähnung des spanischen Hungerkannibalismus reichen hier, um anthropophage Neigungen unterstellen zu können.[246] Die Interpretation eines kannibalischen Rituals tritt durch die Ähnlichkeit des dargestellten Tötungsvorgangs mit den Beschreibungen Hans Stadens hervor, die bereits durch bloße Kenntnis der Illustrationen Theodor de Brys assoziiert werden können.[247] Nach Schäffauer komme dem Motiv des Kannibalismus bei Staden wie auch bei Cabeza de Vaca „(...) eine vergleichende Funktion zu, die darin besteht, die eigene Rolle des standhaften Christenmenschen zu verstärken, um das Überleben in Amerika (...) zu sichern."[248] Das Dilemma der extremen Notsituation

---

243 Vgl. ebd., S. 108. Eventuell wurde dadurch versucht, das jahrelange Martyrium metaphorisch in die knappe Laufzeit einzugliedern.

244 Vgl. ebd., S. 105f.

245 Auch die Absicht des Verzehrs wird (wahrscheinlich) nicht verbal geäußert. Wenn doch, kann dies aufgrund mangelnder Sprachkenntnis kaum jemand nachvollziehen, so argumentiert Schäffauer (2007), S. 109.

246 Bereits in der Gefangenschaft des ersten Indianerstammes vermuten die Spanier, als Cabeza de Vaca von der übrigen Gruppe separiert wurde, dass er gegessen werden soll. Die Angst vor dem Verschlungenwerden durchdringt den Rezipienten im Laufe der Spielzeit offenbar ebenso wie die spanischen Konquistadoren.

247 Vgl. ebd., S. 108f. Hier schließt auch der Hinweis an, dass Anthropophagie - wie sie von Staden thematisiert wird - in diesem Bereich Amerikas wohl kaum vorgekommen ist.

248 Ebd., S. 114. Selbiges gilt auch für die Sicherung des Erfolges der beiden Chroniken in Europa. Weiter bei Schäffauer: „Die ausführliche Schilderung der Menschenfresserei bei Hans Staden wäre demnach ebenso wenig ein

in Gefangenschaft verstärkt dies zusätzlich. Die Rückbesinnung auf die religiösen Wurzeln und die Hoffnung durch Glauben vollzieht sich in beiden Fällen.

Gerade die historischen und historisierenden, also die vermeintlich korrekten Verfilmungen, die zu einem bestimmten Zeitpunkt auch Kannibalismus thematisieren, legen Zeugnis davon ab, wie sehr die frühneuzeitliche Vorstellung vom wilden Kannibalen das Bild von diesem bis heute prägt. Besonders bezeichnend ist dies bei CABEZA DE VACA, wo der Kontext und die assoziative Inszenierung einer rituellen Tötung genügen, um Anthropophagie wahrzunehmen. Zusätzlich ist die starke Resonanz der Kritiker auf diese Szene als Beleg dafür zu werten, was wenig später zu einer Neubearbeitung des Films und quasi Neu-Tabuisierung der Anthropophagie führte.[249]

Es bleibt festzustellen, dass nahezu jede historische Verfilmung, die Kannibalen beinhaltet, auch durch einen kolonialistisch-europäischen Blick geprägt ist. Dies mag hauptsächlich auf die Quellenlage zurückzuführen sein, die perspektivisch verfasst ist und an welcher sich die historischen Filme orientieren. Einige tun dies verstärkt und absicht-

---

Beweis für die Existenz des Kannibalismus wie die noch ausführlichere Schilderung der Hungersnöte ohne jedes Anzeichen von Menschenfresserei bei Cabeza de Vaca ein Beweis für die Nicht-Existenz des Kannibalismus." Ebd., S. 114.

249 Schäffauer erörtert, warum neben der internationalen 112-Minuten-Fassung im mexikanischen und US-amerikanischen Raum eine 95-minütige Schnittfassung als offizielle Version vertrieben wird, in welcher alle Szenen entfernt wurden, die Kannibalismus thematisieren. Er glaubt, dass diese der Kürzung zum Opfer fielen, um die Fokussierung der Zuschauer auf dieses Tabu zu vermeiden, ebd., S. 112. Ein Eingriff zu Gunsten der Werktreue könne ausgeschlossen werden, da die Erwähnung von Hungerkannibalismus in Cabeza de Vacas Bericht vorkomme und dennoch herausgeschnitten worden wäre, ebd., S. 112. Eine Kontrastierung des tatsächlich überlieferten Hungerkannibalismus mit einem fiktiven und albtraumhaft inszenierten Kannibalenstamm aus Gründen der *political correctness* wäre wahrscheinlich als höchst fragwürdig aufgefasst worden. Besonders, weil sich hier ein kultureller Konflikt zu erkennen gebe. Esquivel scheine dem Kannibalismus ohne Anzeichen von Reue gefrönt zu haben. Anthropophagie sei jedoch kein Bestandteil europäischer Kultur (mehr), dennoch zeige er kein schlechtes Gewissen. Im Kontrast zum rituellen Kannibalismus der Ureinwohner zur Reinigung des Stammes von Eindringlingen entstehe ein moralisches Problem. Folglich müsse Esquivel aus dem Korpus der noch lebenden, gottesfürchtigen Spanier entfernt werden. Symbolisiert werde dies dadurch, dass sich Cabeza de Vaca von den nackten Amazonen und auch von Esquivel abwende, vgl. ausführlich ebd., S. 101-115.

lich, andere eventuell eher unbewusst. Denn obwohl beispielsweise HANS STADEN eine, von Wolf Lustig ausführlich dargelegte, „Re-Tupierung“ erfuhr und die Kerngeschichte durch sprachliche Umarbeitung der europäischen Perspektive entrissen wurde, bleibt dieser Kern dennoch die ausformulierte Beobachtung eines Europäers.

11 Das neue Jahrtausend bleibt den Motiven treu

11.1 Genre-Wiederbelebungsversuche

Interessanterweise brachte die moderne Strömung des Terrorkinos[250] bisher keine nennenswerten Horrorfilme mit nativen Kannibalen hervor, obwohl sowohl das Thema Kannibalismus mit zivilisatorischem Duktus als auch eine Rückbesinnung auf klassische Horror- und Exploitationfilme in den jüngeren Beiträgen zum Horrorgenre häufig vorzufinden sind. Es liegen bisher lediglich drei, als unbedeutend zu charakterisierende, Versuche vor, im neuen Jahrtausend Anschluss an die Genrevertreter der achtziger Jahre zu finden. Den Anfang machte der Italiener Bruno Mattei mit den 2003 auf den Philippinen sichtbar hastig und billig abgedrehten Filmen CANNIBAL FEROX 3: LAND OF DEATH (NELLA TERRA DIE CANNIBALI, Italien 2003, Regie: Bruno Mattei) und MONDO CANNIBALE (MONDO CANNIBALE, Italien 2003, Regie: Bruno Mattei), wobei auffällig ist, dass bereits die Verleihtitel an die Vorbilder anschließen. Inhaltlich wird diese Linie ebenso beibehalten. Nach einleitenden Einstellungen von befremdlich wirkenden Totenkulten in enger Orientierung am Mondo-Film GUINEA AMA folgen - hier exemplarisch an MONDO CANNIBALE untersucht - zahllose, selbstzweckhaft gewalthaltige Sequenzen mit farbenfroh bemalten Filipinos, die als Kannibalen fungieren. Regelmäßig vergreifen sie sich an anderen Eingeborenen, vergewaltigen diese und zerreißen sie anschließend. Andernorts fauchen und knurren sich die Kannibalen im Streit um Innereien an, wie man es von Tieren kennt. Die rassistischen Motive der italienischen Kannibalenfilme werden innovationslos fortgeschrieben und dienen lediglich zur Insze-

250 Terrorkino meint die Filme der ersten Dekade des neuen Jahrtausends, die durch explizite Drastik auf sich aufmerksam machten. Die Verbindung von sexualisierter Gewalt und Folter bis hin zur detaillierten Destruktion menschlicher Körper sind hier als Merkmal herauszukristallisieren. Synonym, aber bewusst diffamierend, finden sich auch die Umschreibungen als *torture porn* und *Gewaltpornographie,* vgl. Stiglegger (2010), S. 16f. „Was von den Massenmedien also oft als medialer Sündenbock ›Gewaltpornografie‹ beschworen wird, verweist letztlich nur auf ein Endstadium der Profitgesellschaft, in der selbst der menschliche Körper nur noch zur frei verfügbaren Ware verkommen ist (...)." Ebd., S. 28, und weiter: „Die politischen Wirren nach dem Terroranschlag vom 11. September 2001 brachten schließlich eine neue Popularität kruder Terrorfilme mit sich, in denen wiederum der Mensch des Menschen größter Feind ist." Ebd., S. 60. Das Terrorkino könne folglich als „ästhetischer Reflex" (S. 72) verstanden werden, der das Nischendasein verlassen hätte und den *Mainstream* erreiche, vgl. ebd., S. 68.

nierung von Ekel, Perversionen und Effekten. Maß- und schamlos orientiert sich Mattei an den Vorbildern der siebziger und achtziger Jahre, die sich bereits repetitiv fortschrieben.[251] Die Gewaltexzesse bleiben extrem und selbstzweckhaft und sind als einziger Grund für die Existenz des Films zu werten, was in Konsequenz jedoch auch auf die Profiterwartungen und ein entsprechendes Bewusstsein um ein Publikum schließen lässt.

Der australische Film CANNIBALS - Welcome to the Jungle (WELCOME TO THE JUNGLE, Australien/USA 2007, Regie: Jonathan Hensleigh) geht im Grunde ähnlich vor, nutzt dafür aber den *Found-Footage*-Stil.[252] Auffallend ist, dass zwar Leichenteile und Spuren eines Mahls gezeigt werden, der Verzehr selbst allerdings ausgespart bleibt. Der Film scheint es nicht zu wagen, das Verspeisen eines Menschen durch einen anderen darzustellen, was im Vergleich zu ähnlichen Horrorfilmen dieser Dekade äußerst ungewöhnlich ist. Darüber hinaus setzt sich hier, wie schon bei CANNIBAL FEROX, erneut eine inhaltliche Problematik fort, deren kaum zu bewerkstelligende Beseitigung wohl im neuen Jahrtausend die dauerhafte Rückkehr des nativen Kannibalen in den Horrorfilm verhindern wird, nämlich die Suche nach einer glaubwürdigen Erklärung für den kannibalischen Akt jenseits eines rassistischen Stigmas. Auch CANNIBALS versucht Rachekannibalismus als Motiv zu etablieren, kann die Glaubwürdigkeit jedoch nicht gewährleisten. Eine Art Gebeinhaus wird gezeigt, auf dessen Dach verwesende Leichen platziert sind. Aus diesem entwenden die Protagonisten einen Schädel. Der Film versucht folglich den Kannibalismus als durch Grabschändung provozierten Akt darzustellen, führt dies andernorts aber *ad absurdum* durch die Kontrastierung mit den durch die Eingeborenen regelrecht zerrissenen Leichen einer unbeteiligten Missionarsgruppe. Auch der mittels des Gebeinhauses angedeutete Totenkult wird relativ bald schon dadurch kompromittiert, dass die Nativen an anderer Stelle ihre Gefallenen grundlos im Dschungel liegen lassen. Auch CANNIBALS versucht demnach nicht, dem nativen Kannibalismus in irgendeiner Form neue Aspekte abzu-

251 „Diese postmoderne Form des Zitierens (...)" könne nach Schrey als metaphorischer Kannibalismus verstanden werden, ebd. S. 568.

252 Offenbar ebenso als Referenz an CANNIBAL HOLOCAUST als auch dem Zeitgeist und damit auch einer Profitorientierung folgend, da die Produktion von Filmen in Form vermeintlicher Originalaufnahmen in der ersten Dekade des neuen Jahrtausends einen Höhepunkt erreichte, der auf den unverhofft hohen kommerziellen Erfolg von BLAIR WITCH PROJECT (THE BLAIR WITCH PROJECT, USA 1999, Regie: Daniel Myrick, Eduardo Sánchez) zurückzuführen ist.

gewinnen, sondern lediglich in Orientierung an die großen Vorbilder möglichst viel Profit zu erzielen.

Eventuell ist dies als endgültiger Schlusspunkt des zu Recht umstrittenen Kannibalen-Genres zu werten. Es ist auch schwer, festzustellen, ob die nativen Kannibalen im Terrorkino oder auch in der Neo-Exploitation bisher lediglich mangels innovativer Neuerungen keinen wirklichen Widerhall fanden oder ob dies auch auf mangelndes Interesse bei Produzenten und Regie sowie beim Rezipienten zurückzuführen ist. Am wahrscheinlichsten scheint es, dass das neue Jahrtausend auf Rassismus, der dem Kannibalenmotiv schnell und vielfältig angehaftet werden kann (und muss), sensibler reagiert. Die bisher abgelieferten Beiträge blieben jedoch innovationslose und rassistische Fortschreibungen. Zumindest der Faktor „mangelnde Innovation" dürfte das mangelnde Interesse des Publikums erklären. Jedoch könnte in naher Zukunft die entscheidende Konjunktion für eine Renaissance des nativen Kannibalen im harten Horrorfilm die Erprobung des Motivs im *Mainstream*-Kino und die offenbar vom Rezipienten stark nachgefragte realistisch-detaillierte Körperdestruktion des Menschen im sog. Terrorkino sein. Der weitere Umgang der Filmwelt mit seinem obsoleten Motivkanon muss folglich im Auge behalten werden.

11.2 Wie der Kannibale auf die Insel des Kong kam

Dass der Kannibale auch im neuen Jahrtausend in den Köpfen verankert bleibt, zeigt die Rezeption von Peter Jacksons KING KONG (KING KONG, USA/Neuseeland 2005, Regie: Peter Jackson). Dieser Film ist, eingereiht zwischen seinen thematisch identischen Vorgängern, als Metapher auf zivilisierte Arroganz und die entsprechende Antwort der Natur zu sehen. Tragischerweise ist es die Natur, die trotz der verheerenden Wirkung Kongs innerhalb der Zivilisation final unterliegt. Speziell der Ur-Kong von 1933 dürfte zusätzlich wohl auch Parabel auf die lernresistente Gesellschaft sein, griff sie doch nach jüngst überstandener Weltwirtschaftskrise erneut nach den Sternen. Darüber hinaus ist nicht nur die gesamte Geschichte, sondern auch King Kong selbst metaphorisch zu betrachten. Er ist zum einen ungebändigte, maskuline Kraft, eventuell auch Projektionsfläche einer überhöhten Wunschvorstellung. Er kann jedoch zum anderen auch die Furcht vor und Bedrohung durch den übergroßen, schwarzen Mann sein, ganz speziell im Kontrast zur zierlichen weißen Frau. Seine lüsternen Blicke, seine Annäherungsversuche und sein Imponiergehabe werden hier konstant als Gefahr interpretiert. In diesem Kontext wird nun auch der auf der Insel beheimatete Stamm nativer Ureinwohner als Gefahr interpretiert. Dies ist, wie im Folgenden dargelegt wird, auf die filmische Inszenierung zurückzuführen. Über das Gefühl von Gefahr und Bedrohung hinaus wird dem nativen Volk jedoch auch die schlimmste Übersteigerung und Manifestation der Furcht vor dem Anderen angehaftet. Obwohl der Begriff im Film nicht fällt, werden die Bewohner der Kong-Insel häufig als „(...) von Entbehrungen gezeichnete Kannibalen (...)“[253] interpretiert.

Der Versuch, über die von Jackson eingestreute Selbstreferenz[254] zu seinem Frühwerk BRAINDEAD (BRAINDEAD, Neuseeland 1992, Regie: Peter Jackson) Aufschluss über seine Vorstellungen von den Inselbewohnern zu erhalten, verläuft ins Leere. Der Film beginnt auf der Insel Skull Island. Die geographischen Angaben „southwest of Sumatra“, wo ein Forscher einen Rattenaffen für den Wellington-Zoo in Neuseeland entführt, verweisen auf die Kong-Verfilmungen. Im Zoo zeigt der Affe zwar kannibalische Verhaltensweisen, indem er einen anderen Affen aus dem Nachbarkäfig verspeist, Rückschlüsse auf die Bewohner der Insel lässt dies jedoch nicht zu. Die Ureinwohner selbst, die zu Beginn des Films als Verfolger des Forschers gezeigt werden, erlauben ebenfalls keine Vermutungen über Jacksons frühe Vorstellungen von den Nativen auf Skull Island, die in KING KONG schließlich präsentiert werden. In BRAINDEAD sind sie lediglich bloße, klischeebeladene Abziehbilder von Wilden, eher comichaft albern als in irgendeiner Art gefährlich. Ein letztes Zeitparadoxon verwehrt schließlich gänzlich den Rückgriff auf sein Frühwerk: Laut einer von Peter Jackson produzierten Pseudodoku, SKULL ISLAND - Eine Naturgeschichte (SKULL ISLAND: A Natural History, USA 2006, Regie: Michael Pellerin), versank Skull Island 15 Jahre nach seiner Entdeckung (1933) vollständig im Meer. BRAINDEAD jedoch beginnt 1957, also gut zehn Jahre nach dem vermeintlichen Verschwinden der Insel. Jackson belässt es demnach nur bei einer Referenz zu seinem Lieblingsfilm, ernstzunehmende Parallelen zwischen beiden Eingeborenenstämmen existieren nicht und es wird tunlichst in beiden Filmen der Begriff „Kannibale“ vermieden. Entsprechend steht die Frage weiterhin im Raum, worauf es zurückzuführen ist, dass die Eingeborenen als Kannibalen wahrgenommen werden, wenn sie doch nie als solche bezeichnet

253 *Fricke, Harald*: Der Affe als Method Actor. In: TAZ Nr. 7844, (Jg. 27) 13.12.2005, S. 15.

254 Im Frachtraum des Schiffs ist eine Kiste mit der Aufschrift „Sumatran Rat Monkey“ zu sehen, darunter das wichtige Zusatzschild „beware the bite!“ Für Kenner von Jacksons Frühwerk ist dies Warnung genug.

werden[255] und die Vorlagen von 1933[256] und von 1976[257] den Kannibalismus nicht kennen. Es liegt demnach in nicht unerheblichem Maße am Aufbau der Szene und den assoziativen Vorstellungen vom barbarischen Kannibalen, die hier bedient werden. Eine Detailbetrachtung der entsprechenden Sequenz bestätigt dies.

Während sich ein Erkundungstrupp auf die Insel des Kong begibt, liest der Schiffsjunge in Joseph Conrads *Heart of Darkness* - dies ist als Hinweis auf den Ursprung der Bedrohung zu deuten. Ein entsprechendes Zitat aus dem Off begleitet die ersten Aufnahmen des Felsenstrandes. Die Kamera offenbart lebensfeindliche Landstriche bei einsetzendem Regen.[258] Kaum Vegetation auf rohem Fels, dazwischen Ruinen vergangener Kultur und riesige, spitz zulaufende Holzpfähle. An den Wegrändern und in den Höhlen liegen Gebeine. In mehreren Einstellungen sind aufgespießte, menschliche Kadaver in den Pfählen hängend zu erkennen, was eher an eine Referenz zur Pfahlszene in Deodatos CANNIBAL HOLOCAUST erinnert[259] als an ein Relikt unter-

---

255 Auch im Rahmen des Produktionsprozesses scheint die Bezeichnung vermieden worden zu sein. Im *Guide* zum Film werden die Inselbewohner meist als „Skull Islanders" und/oder „natives" bezeichnet. Vgl.: *Wake, Jenny*: The Making of King Kong. The official Guide to the Motion Picture, New York 2005, hier speziell im Kapitel „The People of Skull Island", S. 109-113.

256 KING KONG UND DIE WEISSE FRAU (KING KONG, USA 1933, Regie: Merian C. Cooper, Ernest B. Schoedsack) würde lediglich in einem kurzen Moment die Möglichkeit einer Kannibalismus-Unterstellung bieten. Erzählt wird die Geschichte vom Auffinden der Insel. Ein Sturm trieb ein Eingeborenenboot auf das offene Meer. Ein norwegischer Kapitän fand es. Im Boot befand sich nur noch ein lebender Ureinwohner, der, nachdem er die Lage seiner Insel verriet, alsbald verstarb. Gemäß den Geschichten vom Hungerkannibalismus Schiffbrüchiger kann dem Nativen in diesem Kontext Kannibalismus zur Sicherung des Überlebens vorgeworfen werden. Der Film tut dies jedoch nicht und gibt hierzu auch keinerlei weitere Hinweise. So lässt sich konstatieren, dass Fay Wray lediglich ein Jahr vor KING KONG in DOKTOR X auf einen Kannibalen traf.

257 KING KONG (KING KONG, USA 1976, Regie: John Guillermin).

258 Vom einstmals üppigen Pflanzenwuchs (1933), der in der Guillermin-Neuverfilmung schon spärlicher ausfällt (dem Umstand geschuldet, dass der obligatorische Schutzwall aus Holzstämmen errichtet wurde), blieb in Jacksons Version nur noch kahler Fels. Dies allein könnte durch Mangel an großen Säugetieren, Ackerbau und essbaren Pflanzen zu Endokannibalismus führen (speziell im Bezug auf Neugeborene, Kleinkinder und Kinder, Frauen, Alte, eventuell Kranke und Verstorbene). Ein in einer Ecke lehnender Eingeborener ohne Bein verweist möglicherweise in diese Richtung.

259 Es handelt sich dabei um eine hier nicht detailliert besprochene Szene, die eine junge Frau zeigt, die der Länge nach auf einen Holzpfahl aufgezogen

gegangener Hochkulturen mit ausgeprägtem Totenkult. Die verbliebenen Einheimischen scheinen in einen rudimentären Urzustand menschlichen (Zusammen-)Lebens zurückgefallen zu sein. Während die Ureinwohner in KING KONG UND DIE WEISSE FRAU einer exotischen Fantasie entsprechen,[260] die mit der Neuverfilmung aus dem Jahr 1976 lediglich fortgeschrieben wurde, findet sich 2005 von Exotik keine Spur mehr.

Der Auftritt der nativen Inselbewohner erfüllt die geschürte Erwartungshaltung. Sie sind eine Horrorvision von Menschen: Mit Stofffetzen, Muschel- und Knochenketten sowie feinmaschigen Netzen bekleidet, faulenden Zähnen und durchdringenden Blicken, durch den Regen hängt das Haar nass und in Strähnen an ihnen herab. Die Attacke auf die Eindringlinge erfolgt ohne Vorwarnung (wenn auch nicht ohne Vorzeichen).[261] Sie werden überwältigt und zur Hinrichtung an einen Steinblock geführt. Allein die Existenz eines Opfersteins mitten in der Stadt, auf welchen die Menschen mit dem Kopf gedrückt werden, um anschließend mit einer Keule erschlagen zu werden,[262] zeugt davon, dass die Ureinwohner nicht nur Meeresfrüchte essen.[263]

---

wurde. Diese Szene ist höchst kontrovers rezensiert worden, da sie für echt gehalten wurde.

260 Dieser Film arbeitet ohnehin recht offensichtlich mit Stereotypen. Bereits auf der Fahrt zur Insel offenbart sich dies im Chinesen, welcher der Koch an Bord ist. Mit kantiger Stoffmütze und beidseitig des Mundes spitz nach unten laufendem Oberlippenbart ist er eindeutig stereotyp und comichaft überspitzt. Auch die Wilden verkörpern lediglich eine Fantasie von edler Exotik. Sie sind reichhaltig, in einer kaum beschreibaren Fülle, geschmückt, tragen Baströcke und auch Stoffe, sowie teils Turban-ähnliche Kopfbedeckungen. Man sieht Halsschmuck aus Federn und Muscheln, dekorative Körperbemalungen und Kostüme. Auf einem exotischen Thron sitzt der Häuptling mit einer Krone aus Federn und Blattwerk, ihm zu Füßen das mit Blumen geschmückte Menschenopfer. Mit exotischer Nacktheit lockt dieser Film allerdings nicht, was auch für alle seine Nachfolger gilt.

261 Die Eingeborenen der Vorgängerfilme, die bei dem ersten Kontakt mit den Weißen noch Tauschgeschäfte versuchten, bevor sie sich zur Entführung der weißen Frau entschlossen, werden hier mit schwarzen Bestien (die am Set sogar künstlich nachgedunkelt wurden, vgl. Wake (2005), S. 111) kontrastiert, die eine Falle stellen und sich höchst aggressiv der Eindringlinge bemächtigen. Erst durch Schüsse und einen Toten kann die Gefahrensituation gebändigt werden.

262 Parallelen zum obligatorischen Holzblock bei Hinrichtungen durch Enthauptung drängen sich ebenso auf wie Erinnerungen an die Berichte von Hans Staden und die entsprechenden Illustrationen de Brys.

263 Vgl. Wake (2005), S. 107.

Wäre der Stein für Opfergaben zur Besänftigung Kongs errichtet worden, hätte er in logischer Konsequenz seiner Funktion vor den Toren der Stadtruinen errichtet werden müssen - die Darbietungsvorrichtung für lebende Menschenopfer befindet sich sinnvollerweise auch außerhalb der Mauern. Das Opfer hat schließlich die primäre Funktion, das Eindringen des riesigen Menschenaffen in die Stadt zu verhindern.

Das abermalige Eindringen in das native Dorf auf der Suche nach der entführten Frau findet in der Urfassung von 1933 zwar bewaffnet, aber doch den Eingeborenen gegenüber friedlich statt. Die Fassung von 1976 hält sich weitestgehend daran, es wird lediglich mit Leuchtraketen in die Luft geschossen, um die Eingeborenen zu vertreiben. Peter Jacksons Version geht hier variierend vor. Zwar sind direkte Schüsse auf die Einwohner nicht zu sehen, die ersten Toten durch Schussverletzungen hatten diese aber schon nach der ersten Begegnung zu beklagen. Die Bedrohung der hilflosen weißen Frau durch die schwarzen Eingeborenen scheint hier nicht als Rechtfertigung für Gewalt ausgereicht zu haben. Wo der native Wilde 1933 vom Publikum durchaus noch als Bedrohung wahrgenommen werden konnte, musste anno 2005 auch suggerierter Kannibalismus herhalten. Der koloniale Topos schreibt sich hier fort, da er für Action, Horror und Dramatik der Szene notwendig ist. Erst angenommener Kannibalismus rechtfertigt offenbar den massiven Angriff, die Einschüchterung und das Vertreiben der Ureinwohner. Ob Jackson diese assoziative Wirkung nun beabsichtigt provoziert hat oder ob ihre Interpretation durch die Rezipienten eher als Indiz für ein in der Vorstellung längst verfestigtes Stereotyp zu werten ist, muss unbeantwortet bleiben. Die Inszenierung der Eingeborenen trägt jedoch Jacksons düstere Handschrift und ist somit zumindest als Kunstprodukt zu bewerten.[264] Auf die vorgeschlagenen Kategorien bezogen würde sich hier folglich eine Sonderform offenbaren: Eine Variante rein fiktionaler Kannibalen ohne Realitätsanspruch, die aber auch durchaus als rassistisch verklärt gedeutet werden kann.

---

264 „The moment you step onto Skull Island, it is a horror show." Diese Anweisung Jacksons an Weta Workshop galt nicht nur für das Ökosystem, vgl. ebd., S. 101.

11.3 Captain Jack Sparrow als Gott der Kannibalen

Disney trug mit dem zweiten Teil der erfolgreichen Piraten-Reihe *Fluch der Karibik*, PIRATES OF THE CARIBBEAN – Fluch der Karibik 2 (PIRATES OF THE CARIBBEAN: Dead Man's Chest, USA 2006, Regie: Gore Verbinski), das Cartoon-Klischee des Kannibalen sowohl im Realfilm ins neue Jahrtausend als auch in den *Mainstream*. Spätestens hier dringt das Kannibalenmotiv in seiner vollständig stereotypen Ausprägung aus einem Nischendasein ins große Filmerlebnis zurück und erweist sich im 21. Jahrhundert erneut als familienkompatibel. Dem klassischen Abenteuerfilm-Schema folgend ist der native Kannibale hier jedoch wieder nur eine Bedrohung von vielen.

Auf der Suche nach Captain Jack Sparrow trifft William Turner in einem Hafen einen großgewachsenen Schwarzen, der ihm den Weg weist. Bereits dieser scheint kannibalische Neigungen zu haben. Er berichtet von einer Insel, in deren Nähe er Gewürze gegen „köstliches Fleisch" tauscht. Auf der von ihm beschriebenen Insel angelangt, gerät William in die Gefangenschaft von Eingeborenen.[265] Diese entsprechen mit ihren vielfältig aufgesetzten Attributen der überspitzten Horror-Fantasie von Kariben und sind motivisch konsequent weiterentwickelte Cartoon-Menschenfresser. Unterschiedlichste exotische und teils farbenfrohe Bemalungen kombiniert mit einer Vielzahl schmückender Elemente aus Gräsern, Gehölzen und Knochen unterstützen diesen Eindruck. Ihre Zähne sind allesamt spitz, sie tragen die üblichen Baströcke und die gängige Bewaffnung. Die Kannibalen sind in ihrer stereotypen Überzeichnung zwar höchst aggressiv, aber auch nur in der wild gestikulierenden und schreienden Masse stark. Allein wirken sie eher schüchtern und feige; sie ziehen es vor, zu fliehen, statt sich dem Kampf zu stellen. Letztlich begnügen sie sich nach erfolgloser Verfolgung der Gefangenen mit der Jagd auf einen Hund. Eine Verbindung der Bewohner des Dorfes zu ihren Ernährungsgewohnheiten wird durch unzählige Schädel im regelrecht plakativen Setaufbau geschlagen, die als Verzierungen im Dorf platziert wurden. Sie sind drapiert auf Spießen und Pfählen, an Bäumen, in Mauern, an Pfeilern, Giebeln und in Hütten.

Während William zu der verbliebenen Crew des Schiffes gesperrt wird, die in futterkorbähnlichen, runden Käfigen aus Gebeinen inhaf-

---

265 Mehrere unheilvolle Vorzeichen künden sowohl vom Schicksal der Gesuchten als auch von der drohenden Gefahr: Der Strand ist menschenleer, die *Black Pearl* ist vollständig angelandet und verlassen und ein Papagei schreit „Iss mich nicht!"

tiert wurde, wird ihm erklärt, dass die Eingeborenen Jack Sparrow nicht nur als Häuptling, sondern auch als Gott ansehen. Wie sie zu der Annahme gelangten, dass er ihr Gott sein könnte, wird nicht erläutert, aber dass er feierlich verspeist werden soll, um ihn zu ehren. Sparrow sitzt unterdessen auf einem Thron aus symmetrisch angeordneten Schädeln, Rippen, Fingerknochen und Hölzern. Ihm wird eine Halskette aus menschlichen Zehen dargeboten. Währenddessen bereiten die Kannibalen im Rahmen eines Festes zu rhythmischen Trommelklängen die Feuerstelle und den Spieß vor, an welchem Jack befestigt wird. Dass einer der Kannibalen letztlich sogar Messer und Gabel bereithält, verweist auf die offensichtliche Motivbasis im Zeichentrickfilm.[266]

266 Passend zu dieser Episode gibt es ein offizielles Lego-Set (Set 4182, „Flucht vor den Kannibalen"), welches den grimmig schauenden Kannibalen samt Knochen im Haar auch in die Kinderzimmer transportiert. Schädel auf Pfählen, Menschenknochen sowie ein drehbarer Spieß über einer Feuerstelle ergänzen das Set. Der Menschenfresser ist somit auch als überzeichnete Cartoon-Figur mit dem entsprechenden Motiv- und Attributkatalog ins neue Jahrtausend fortgeschrieben worden.

12 Fazit und Ausblick

12.1 Die Figur des Kannibalen als bleibendes Element des Grauens

Unter Berufung auf Krützen konstatiert Schrey, dass der exotische Kannibale seit den späten achtziger Jahren immer seltener im Film auftauche, da er kaum noch als Bedrohung wahrgenommen werde.[267] Als Belege hierfür werden Filme angeführt, die den abendländischen Zivilisierten als „wahren" Kannibalen und Barbaren herauskristallisieren. Als Prototyp wird DER MIT DEM WOLF TANZT (DANCES WITH WOLVES, USA 1990, Regie: Kevin Costner) angeführt.[268] Ergänzungen gäbe es weitere, widerlegbar ist die These allerdings auch. Allein dass die oben für das neue Jahrtausend vorgestellten Filme keine Nischenprodukte sind, sondern den *Mainstream* repräsentieren, ist bezeichnend. Im *Mainstream* wurde folglich der populärkulturelle Beweis für die Funktionalität und die Akzeptanz des Kannibalen als Element des Schreckens erbracht. Es folgte keine Welle der Empörung im Bezug auf die rassistischen Klischees, die diese Filme vermittelten. Entsprechend ist davon auszugehen, dass zumindest der Abenteuerfilm und die (Abenteuer-)Komödie diese Motive tatsächlich unangefochten und unreflektiert nutzen können und dass eine gesellschaftliche Akzeptanz manifestiert ist. Krützen kann zum Zeitpunkt der Niederschrift ihres Aufsatzes die hier für das neue Jahrtausend angeführten Filme nicht gekannt haben, Schrey hingegen hat ihre These nur unreflektiert übernommen. Und auch Brinckmann stellt fälschlicherweise eine Zurückhaltung im Umgang mit Kannibalismus im Film fest und konstatiert Respekt des Kinos vor dem „Tabu des Kannibalismus". Sie meint über den Kannibalismus per se hinweg jedoch zusätzlich das explizite Darstellen des (Fr-)Essvorgangs.[269] Die Ausmaße des Terrorkinos waren aber auch für sie noch nicht ersichtlich.

Weiterhin, und dies entkräftet auf grundlegender Basis, hat der exotische Kannibale offenbar als Motiv in den Monstren-Kanon des Mediums Einzug gehalten. Den bisherigen wissenschaftlichen Betrachtungen der Thematik unterlief der gleiche Fehler. Sie konzentrierten

---

267 Vgl. Schrey (2008), S. 563 und Krützen (2001), S. 495.

268 Bei Krützen zusätzlich FAREWELL TO THE KING – Sie nannten ihn Leroy (FAREWELL TO THE KING, USA 1989, Regie: John Milius), vgl. ebd., S. 495.

269 Brinckmann (2001), S. 81f.

sich bei der Betrachtung des nativen Menschenfressers auf den kleinen Ausschnitt filmischer Beiträge, den die Italiener seit 1972 maßgeblich für das Horrorgenre ablieferten. Diese fanden tatsächlich ihr Ende. Mangels Kategorisierungen und notwendiger Differenzierungen, wie sie hier vorgeschlagen wurden, gerät folglich das gesamte Spektrum der filmischen Inszenierung nativer Kannibalen aus dem Blickfeld. Sie verschwinden an der Peripherie. Außerhalb des „paranoid horror" bleiben sie jedoch filmisches Motiv.[270] Selbstredend treten sie dabei längst nicht so häufig hervor, wie in den achtziger Jahren oder werden so populär wie ihre kannibalischen Zerrbilder innerhalb der Zivilisation. Aber verschwinden werden sie nicht. Eine bloße Einschränkung der Untersuchungen auf den Horrorfilm ist daher beim kannibalischen Motiv nicht zweckmäßig, da es, wie gezeigt werden konnte, in nahezu jedem Genre auch eine Form von Schrecken und Grusel entfalten kann. Hierzu ist die explizite Darstellung des Grauens nicht zwingend notwendig. Da sich eine manifestierte Vorstellung des kannibalischen Horrors in der gesamten europäischen Geschichte findet, reichen die Attribute vollkommen aus, um in der Fantasie des Rezipienten die unangenehmsten Schreckensvorstellungen zu entfesseln.

---

270 Allerdings lässt sich auch eine Übertragung des Motivs aus dem Dschungel in besiedelte Gebiete beobachten. Bereits DER 13TE KRIEGER (THE 13TH WARRIOR, USA 1999, Regie: John McTiernan) verlegte den wilden Kannibalen in die Berge Skandinaviens. Räumliche Grenzen wurden abgelegt, aber durch zeitliche ersetzt (der Film spielt im frühen Mittelalter unter den Wikingern). Jack Ketchum (Pseudonym von Dallas Mayr) entwickelte bereits 1980 eine Abwandlung dieses Szenarios in seinem Roman „Beutezeit", die er 1991 erneut in „Beutegier" aufgriff. Unter dem gleichnamigen Titel BEUTEGIER (OFFSPRING, USA 2009, Regie: Andrew van den Houten) wurde dieser verfilmt. Ketchum, der „(...) für die schonungslose Schilderung jener Mechanismen [berühmt ist], die aus vermeintlich harmlosen Alltagsmenschen blutrünstige Bestien machen (...)" (Stiglegger (2010), S.14), überspitzt seine Motivik hier vollends. Im Film sind die anthropophagen Wilden in die ausgedehnten Wälder Nordamerikas versetzt und das Motiv wurde auf den Weißen übertragen. Dies ist eine extreme Zuspitzung der Annahme, dass der Mensch in Notsituationen zum Kannibalismus neigt. „Zuspitzung" meint hier, dass die kulturelle Verrohung sich nicht nur innerlich, sondern auch äußerlich abzeichnet und somit in vertierten und aggressiven Bestien mit eigener, knurrender Sprache manifestiert wird. Eine Form von nativem Kannibalismus wird hier als „paranoid horror" etabliert und offenbar derart erfolgreich verkauft, dass bereits zwei Jahre später die Geschichte um die Führerin des Stammes in THE WOMAN (THE WOMAN, USA 2011, Regie: Lucky McKee) fortgesetzt wird. Hier wird der Kannibalismus überwiegend als fassbare Bedrohung jenseits regelmäßiger Eskalation genutzt, erst im Finale entlädt sich die vorsichtig angedeutete Gier in aller Detailfülle.

Genreübergreifend betrachtet offenbart sich der Fortbestand der Motivik. Der Abenteuerfilm, der auf eine Geschichte im Urwald ausgerichtet ist, wird auch das Kannibalenmotiv beibehalten. Je nach Zielgruppe und thematischer Ausrichtung wird hierbei eine breite Palette kannibalischer Motive geboten, zumeist werden Mischformen der hier vorgeschlagenen Kategorien vorherrschend sein. Ein fließender Übergang zum historischen Film ist dabei kaum von der Hand zu weisen, stützt sich doch Letzterer nur durch losen Quellenbezug auf einen kaum zu gewährleistenden Realitätsanspruch. Die Kannibalen im historischen Film entfalten selten eine motivische Eigenständigkeit, beanspruchen aber durch perspektivisch bezeugte Tradierung eine eigene Kategorie, da sie ein eigenständiger Untersuchungsgegenstand sind. Der Abenteuerfilm macht indes um den hochgradig fiktiven Bestandteil seiner Motive weniger einen Hehl und fokussiert den Betrachter somit von vornherein auf den Unterhaltungswert der Geschichte. Der Kannibale, in welcher Ausformung er auch immer auftreten mag, ist hier filmisches Mittel und dramaturgische Steigerung. Eine Realität, wie auch immer diese nun tatsächlich aussehen mag, spielt hierfür keine gewichtige Rolle.

Des Weiteren kann die Robinson-Crusoe-Verfilmung auch in Zukunft auf den Kannibalen kaum verzichten, zumal das Diktat der literarischen Basis eventuelle Vorbehalte umgeht. Als menschlich manifestierte Gefahr in der Wildnis ist und bleibt er wirkungsvoll. Selbst ohne explizite Drastik ist er als Moment der Spannung und des Schreckens fassbar, sofern er durch Attribute identifizierbar wird. Das Freitag-Stereotyp ist hierbei vom Kannibalen im Abenteuerfilm losgelöst, da es sich durch die Möglichkeit der Christianisierung hervortut. So wie Defoe, der Begründer des Motivs, den (Hunger-)Kannibalismus zivilisierter Europäer in Extremsituationen für möglich hält, was den Europäer dem Mensch-Sein entrückt und dem wilden, vom Überlebensinstinkt getriebenen Tier annähert, so zeichnet sich sein kannibalisches Motiv durch eine Invertierung dieser Vorstellung aus. Der wilde, tierähnliche Kannibale kann in der Notsituation durch christlichen Beistand zum Heil finden und sich dem Mensch-Sein (im zivilisierten Sinne) annähern. Jedoch muss er auch das Stigma seines Ursprungs tragen und nebst Freund auch Bediensteter sein.

Der Animationsfilm wird mit hoher Wahrscheinlichkeit in der seit den sechziger Jahren gebotenen Zurückhaltung verbleiben. Lediglich ein konterkarierender Rückgriff ist vorstellbar (die Figur des Sideshow Mel in DIE SIMPSONS) oder eine Parodie in einem ohnehin respektlosen Kontext, der alle gängigen Klischees auf- und angreift, wie es beispielsweise bei SOUTH PARK (SOUTH PARK, USA 1997ff., nach einer Idee von: Trey Parker, Matt Stone) der Fall ist.

Die pseudoreale Abenteuerdokumentation unter indigenen Völkern wird im neuen Jahrtausend wohl weder Produzenten noch Rezipienten (oder zumindest kein großes Publikum mehr) finden. Bezeichnend aber ist, dass sich der Mondo-Film in Form extremer Variationen im Untergrund fortschreibt.[271]

Die Komödie und komödiantische Abenteuer hingegen können sich weiterhin dieses Motivs bedienen. Eingebettet in eine kreative Geschichte kann der Kannibale als Stereotyp hier fortgeführt werden. Die Komödie benötigt ohnehin ihre Klischees, um Humor erzeugen zu können. Auf diese Art können auch rassistische Vorbehalte, die den Trickfilm hemmen, umgangen werden. Aber auch kontextgebundene Dekonstruktionen sind, wie gezeigt wurde, möglich, wodurch das Motiv attraktiv bleibt. Dass eine Abenteuerkomödie letztlich aber kaum rassistischen Vorbehalten unterliegt, beweist FLUCH DER KARIBIK.

Der historische Film wird, so sich die Gelegenheit in Form einer attraktiven und verwertbaren Vorlage bietet, auch weiterhin den nativen Kannibalismus thematisieren und der Thriller- und Horrorfilm verwirft sein vielseitig differenziertes Kannibalenmotiv ohnehin nicht. Ob aber der native Menschenfresser hier ein weiteres Mal als Antagonist seinen Platz finden wird, bleibt abzuwarten. Einen ersten ernsthaften Versuch wird Eli Roth 2013 mit THE GREEN INFERNO (vorl. Arbeitstitel: THE GREEN INFERNO, USA 2013, Regie: Eli Roth) abliefern.

---

271 Der Ekel vor dem Inneren des Anderen ist hier als Zugpferd zu bezeichnen. Als Startpunkt sei GESICHTER DES TODES (FACES OF DEATH, USA 1978, Regie: Conan Le Cilaire) genannt, der sich in mehreren FACES OF (...)-Teilen fortschrieb.

12.2 Schlussbemerkungen

Offenbar fällt es auch dem modernen, aufgeklärten Menschen schwer, von Routinen und gewohnten Wahrnehmungen abzuweichen, weshalb das derart verfestigte Kannibalen-Stereotyp bis heute gebraucht und wahrscheinlich auch gewollt wird. Wie dargelegt werden konnte, entstand das Motiv nicht ex nihilo, sondern ging aus Bildern, Motiven und Strukturen früherer Massenmedien hervor. Das Medium Film ist hier in Verlängerung der Reiseberichte des späten Mittelalters und der frühen Neuzeit sowie der literarischen Adaptionen des Themas bereitwilliger Träger traditioneller Ideologien und Ästhetiken bis in unsere Zeit und rezipiert indigene Völker mit kannibalischen Neigungen letztlich als anthropophage „Wilde". In dieser Form wurden sie, mehr oder weniger ausdifferenziert und kaum kritisch hinterfragt, genreübergreifend inszeniert und somit mit dem obsoleten Urmotiv verknüpft und fortgeführt. So ging der wilde Kannibale in den filmischen Monstrenkanon über und blieb dort, trotz fragwürdiger Motivursprünge, durch die enge Verknüpfung filmischer Produzenten und Rezipienten unantastbar. Deutungsmöglichkeiten und funktionalisierte Motive wurden bisweilen jedoch angeboten.

Das vorgeschlagene Kategoriengerüst erwies sich dabei als wirkungsvoll, um die Bandbreite des filmisch inszenierten Kannibalenmotivs offenzulegen und darüber hinaus auch um festzustellen, dass genau zu dem Zeitpunkt, an dem die bisherige medienwissenschaftliche Betrachtung dem Kannibalen das Ende prognostizierte, er als Motiv mit wehenden Fahnen in das *Mainstream*-Kino einzog. Woher das Medium Film seine Kannibalenmotivik nimmt und in welcher Form und Variation sie (re-)inszeniert und somit tradiert wird, ist darüber hinaus hinreichend dargelegt worden. Signifikante Zäsuren, die einen Wandel des Motivs markieren, konnten anhand der vorangestellten Kategorisierung benannt werden und punktuell mit einer möglichen Motivation zur Motivvariation verknüpft werden.

Das Kriterium „Kannibalismus" ist und bleibt wirkungs- und machtvoll. Es ist eine polarisierende Metapher mit projektivem Charakter, die einseitig schwarz und weiß färbt (was tatsächlich auch im wörtlichen Sinne Gültigkeit besitzt und eine obsolete Lichtmetaphorik bestärkt) und klare Rollen zwischen Gutem und Bösem zuweist. Es dient als Orientierungsfaktor, der den eigenen Platz in der Moderne und der aufgeklärten Zivilisation manifestiert. Kannibalismus kann aber auch als zivilisationskritische und kulturpessimistische Grundidee funktionalisiert werden. Er würde so die Vorstellung eröffnen, dass Kultur und kulturelles Empfinden relativ sind und somit auch anders sein können, ohne Einbußen an kulturellem Status zu erfahren. Inwiefern kinematographisch vermittelter Kannibalismus diese Reflektionen, eventuell sogar eine Dekonstruktion des Motivs, aber zulässt, hängt vom jeweiligen Regisseur (bzw. Drehbuchautor oder Produzenten) ab.

Im Grunde handelt der Film heute noch so, wie einst James Cook.[272] Um das Sehen zu ermöglichen, wird der kannibalische Akt einem kulturellen Kontext entrissen. Dadurch wird er aber auch dämonisiert und fügt sich nahtlos in vorhandene Vorstellungen. Was Erwin Frank das „Präexistente" nennt,[273] meint diese konkreten Auffassungen von kannibalischer Praxis und die identischen Details in unterschiedlichsten Berichten und Verfilmungen, die diese bestätigen. Dadurch, dass sie diesen vorgeprägten Bildern entsprechen, werden sie als wahr akzeptiert. Dieses „Präexistente" lässt sich auf die filmische Wahrnehmung anwenden und auch als Zweck der filmischen Inszenierung erklären. Denn das Wiedererkennen von Details hilft, den Kannibalen als solchen zu erkennen, ohne dass er benannt wird. Dies kann durchaus in der Absicht der Filmemacher liegen, wobei es jedoch zu weit gegriffen wäre, jedem Filmemacher latenten Rassismus, die mutwillige Verbreitung kolonialistischer Ideen und die Aufrechterhaltung eines ethnozentrischen Weltbildes zu unterstellen. Viel eher ist die stetige Wiederkehr dieses Topos als Beleg für das konstant gebliebene Bild zu werten, gleichzeitig aber auch als Beleg für den nativen Kannibalen als Teil des filmischen Monstrenkanons charakterisiert, der gleichsam von Filmemachern wie Rezipienten gewünscht und gewollt wird. Hierdurch wird der Kannibalen-Topos letztlich jedoch nicht dekonstruiert, sondern verfestigt und aufrechterhalten. Das durch Film vermittelte Bild ergänzt demzufolge unser Repertoire von Vorstellungen und Eindrücken.

Fulda konstatiert, dass zu einer Kultur auch immer das gehört, was im entsprechenden Gegenentwurf der Unkultur vorhanden ist, ob in Form

---

272 Er kam am 23. November 1773 in den Besitz eines Kopfes, offenbar als Überrest eines kannibalischen Mahls neuseeländischer Maori. Dieses von seinen Matrosen an Bord gebrachte Souvenir bot er einigen Neuseeländern, die zufällig mit auf dem Schiff waren, als Mahl an, über welches sie sich hermachten. Somit glaubte er, den Beweis für kannibalische Neigungen erbracht zu haben, er sah diese schließlich mit seinen eigenen Augen. Cook entriss den Akt allerdings auch seinem kulturellen und lokalen Kontext und transportierte ihn in eine kontrollierbare Umgebung. Somit lautete das konsequente Urteil: Kannibalismus ja, Kultur nein. Vgl. ausführlich bei Moser (2005), S. 35-55 und knapp zusammengefasst *Ders.* (2007), S. 62ff.

273 Vgl. Frank (1987), S. 212.

einer Abgrenzung oder auch als Angriff auf die eigene kulturelle Identität.[274] Das Faszinosum „nativer Kannibale" kann so zumindest in Grundzügen verstanden werden. Die Suche nach Identität und das Bedürfnis nach Grenzüberschreitungen aus der gefühlten Sicherheit heraus richten den Blick nur allzu gern auf die als primitiv empfundene Urform menschlicher Soziologie. So lockt am Ende doch immer die Faszination, gleichgültig ob sexuell motiviert, aus Lust am Abenteuer und romantisierter Exotik, aus Gründen der Rückbesinnung auf die Natur oder auch aus Lust an Körperdestruktionen. Der Film macht diese Dinge auf einfache Weise zugänglich und konsumierbar. Dabei ist der Kannibale nun einmal, wie dargelegt wurde, nicht auf den Horror zu reduzieren, auch wenn ihm eine grauenhafte Aura anhaftet. Wäre er jedoch kulturell fassbar, würde er an abschreckender Kraft verlieren. Kannibalismus wäre ein als fremd empfundener, aber kein dem Menschen fremder Akt. An diesem Bild scheint den Filmemachern bisher aber nichts zu liegen. Darum wird mit der filmischen Inszenierung der Topos fortgeschrieben, dass die Ureinwohner sich buchstäblich selbst fressen, wenn ihnen der zivilisierte Mensch nicht helfend zur Seite steht. Ein offenbar notwendiges Verhältnis von Herr und Diener wird somit weiterhin filmisch tradiert. Vielerorts wird dies jedoch nicht auf mutwillige Absicht, sondern auf unreflektierte Übernahme der vorhandenen Motive zurückzuführen sein. Der Rezipient nimmt diese Darstellungen allerdings dankbar an. Zum einen bestätigen sie seine bekannten Vorstellungen, zum anderen befriedigen sie das Behagen an der Unkultur. Die Sehnsucht nach Natur, Exotik und Abenteuerlust, verklärte Regenwald-Romantik und das Infragestellen der gesellschaftlichen Normen finden im primitiven Kannibalen somit auch wieder ihren Dämpfer. Eine Rückbesinnung auf das Eigene ist die Folge. Man grenzt sich ab und fühlt sich wohl, vor allem aber: Man ist sicher!

Dass eine klischeebelastete, stereotype Vorstellung vom anthropophagen Exoten unsere Vorstellung dominiert, ist hinreichend dargelegt worden. Gerade die häufig anzutreffenden De-Bry-Motive beweisen letztendlich, wie tief die Vorstellung vom Menschenfresser durch diese geprägt wurde. Dass die Motive vom Rezipienten erkannt werden, ohne dass der kannibalische Akt oder zumindest dessen Absicht im Film gezeigt, angedeutet oder auch nur erwähnt wird, ist bezeichnend. Und selbst wenn ein Film einen Diskurswechsel vollzieht - verwiesen sei hier abermals auf HANS STADEN -, ist es am Ende doch noch der Zuschauer, dessen Auffassung von Grausamkeit und Unkultur dem

274 Vgl. Fulda (2001), S. 33f.

kannibalischen Akt so intensiv anhaftet, dass die Anerkennung eines kulturellen Vorgangs unter Umständen verwehrt bleibt. So bleibt die Auffassung von Kannibalismus auch auf absehbare Zeit vom Akt der misanthropischen Barbarei bestimmt. Es liegt letztlich auch in der Natur der menschlichen Wahrnehmung, die geprägt ist durch dieses Tabu, welches über die gesamte Kulturgeschichte hinweg bestand hatte, dass sie sich gegen die Anerkennung kultureller Hintergründe im unmenschlichsten Akt verschließt. Das Gebot der Differenzierung fällt aber dem Rezipienten zu. Dieser sollte sich fragen, inwiefern ihm die Fantasie einer menschenfressenden, primitiven Bestie als Urwaldbewohner gefällig ist, wie lange diese gebraucht wird und ob die Bereitschaft vorhanden ist, diese zu hinterfragen. Wichtig ist am Ende, wie der Betrachter den Kannibalen für sich interpretiert und welche Rollen er ihm zuschreibt oder auch: Welche er durch ihn dekonstruieren kann und will.

13 Anhang

13.1 Filmographie

Gelistet in alphabetischer Reihenfolge nach folgendem Schema: (ARTIKEL, eingeklammert sofern aus der alphabetischen Ordnung ausgenommen) DEUTSCHER TITEL sofern vorhanden, sonst englischer Titel (ORIGINALTITEL, Land/Länder Jahr, Regisseur). Hervorhebungen sind detaillierter besprochen.

...JAHR 2022... DIE ÜBERLEBEN WOLLEN (SOYLENT GREEN, USA 1973, Regie: Richard Fleischer)

(DIE) 120 TAGE VON SODOM (SALÒ O LE 120 GIORNATE DI SODOMA, Italien 1975, Regie: Pier Paolo Pasolini)

(DER) 13TE KRIEGER (THE 13TH WARRIOR, USA 1999, Regie: John McTiernan)

1492 - DIE EROBERUNG DES PARADIESES (1492: CONQUEST OF PARADISE, Frankreich/Spanien 1992, Regie: Ridley Scott)

ABBOTT UND COSTELLO in VERRÜCKTES AFRIKA (AFRICA SCREAMS, USA 1949, Regie: Charles Barton)

(DIE) **ABENTEUER DES ROBINSON CRUSOE** (LAS AVENTURAS DE ROBINSON CRUSOE, Mexiko 1954, Regie: Luis Buñuel)

ACE VENTURA - Jetzt wird's wild (ACE VENTURA: When Nature Calls, USA 1995, Regie: Steve Oedekerk)

AFRICA ADDIO (AFRICA ADDIO, Italien 1966, Regie: Gualtiero Jacopetti, Franco Prosperi)

AFRICA SQUEAKS (FLIP THE FROG - AFRICA SQUEAKS, USA 1931, Regie: Up Iwerks)

AFRIKA SPRICHT! (AFRICA SPEAKS!, USA 1930, Regie: Walter Futter)

AGUIRRE, DER ZORN GOTTES (AGUIRRE, DER ZORN GOTTES, Deutschland 1972, Regie: Werner Herzog)

ALICE CANS THE CANNIBALS (ALICE CANS THE CANNIBALS, USA 1925, Regie: Walt Disney)

ALIEN - Das unheimliche Wesen aus einer fremden Welt (ALIEN, Großbritannien/USA 1979, Regie: Ridley Scott)

AM ANFANG WAR DAS FEUER (LA GUERRE DE FEU, Frankreich/Kanada/USA 1981, Regie: Jean-Jacques Annaud)

AMAZONIA - Kopfjagd im Regenwald (SCHIAVE BIANCHE: Violenza in Amazzonia, Italien 1985, Regie: Mario Gariazzo)

APOCALYPSE NOW (APOCALYPSE NOW, USA 1979, Regie: Francis Ford Coppola)

APOCALYPTO (APOCALYPTO, USA 2006, Regie: Mel Gibson)

(LES) AVENTURES DE ROBINSON CRUSOÉ (LES AVENTURES DE ROBINSON CRUSOÉ, Frankreich 1902, Regie: Georges Méliès)

BEUTEGIER (OFFSPRING, USA 2009, Regie: Andrew van den Houten)

BLAIR WITCH PROJECT (THE BLAIR WITCH PROJECT, USA 1999, Regie: Daniel Myrick, Eduardo Sánchez)

BLONDINEN BEVORZUGT (GENTLEMEN PREFER BLONDES, USA 1953, Regie: Howard Hawks)

BLUTGERICHT AM AMAZONAS (TREASURE OF THE AMAZON, Mexiko 1985, Regie: René Cardona Jr.)

BLUTGERICHT IN TEXAS (THE TEXAS CHAINSAW MASSACRE, USA 1974, Regie: Tobe Hooper)

BLUTMOND (MANHUNTER, USA 1986, Regie: Michael Mann)

(IN THE) BOGIE MAN'S CAVE (LA CUISINE DE L'OGRE, Frankreich 1908, Regie: Georges Méliès)

(THE) BOOK OF ELI - Die Zukunft der Welt liegt in seinen Händen (THE BOOK OF ELI, USA 2010, Regie: Albert und Allen Hughes)

BOSKO SHIPWRECKED! (LOONEY TUNES - BOSKO SHIPWRECKED!, USA 1931, Regie: Hugh Harman, Rudolf Ising)

BRAINDEAD (BRAINDEAD, Neuseeland 1992, Regie: Peter Jackson)

BRAVEHEART (BRAVEHEART, USA 1995, Regie: Mel Gibson)

BRINGING A FRIEND HOME FOR DINNER (BRINGING A FRIEND HOME FOR DINNER, USA 1899, Produktionsfirma: American Mutoscope & Biograph)

CABEZA DE VACA (CABEZA DE VACA, Mexiko 1991, Regie: Nicolás Echevarría)

CANNIBAL - Aus dem Tagebuch des Kannibalen (CANNIBAL - Aus dem Tagebuch des Kannibalen, Deutschland 2006, Regie: Marian Dora)

CANNIBAL FEROX 3: LAND OF DEATH (NELLA TERRA DEI CANNIBALI, Italien 2003, Regie: Bruno Mattei)

(ON THE) CANNIBAL ISLE (ON THE CANNIBAL ISLE, USA 1916, geschrieben von: Walter Hoban)

CANNIBALS - Welcome to the Jungle (WELCOME TO THE JUNGLE, Australien/USA 2007, Regie: Jonathan Hensleigh)

CANNIBAL TERROR (TERREUR CANNIBALE, Frankreich/Spanien 1981, Regie: Alain Deruelle, Julio Pérez Tabernero)

CASTAWAY - Die Insel (CASTAWAY, Großbritannien 1986, Regie: Nicholas Roeg)

CAST AWAY - VERSCHOLLEN (CAST AWAY, USA 2000, Regie: Robert Zemeckis)

CHRISTOPHER COLUMBUS - Der Entdecker (CHRISTOPHER COLUMBUS: The Discovery, USA 1992, Regie: John Glen)

CONGORILLA (CONGORILLA, USA 1932, Regie: Martin Johnson, Osa Johnson)

CUT AND RUN (INFERNO IN DIRETTA, Italien 1985, Regie: Ruggero Deodato)

DEATH PROOF - Todsicher (GRINDHOUSE: DEATH PROOF, USA 2007, Regie: Quentin Tarantino)

(DIE) DELEGATION (DIE DELEGATION, Deutschland 1970, Regie: Rainer Erler)

DELICATESSEN (DELICATESSEN, Frankreich 1991, Regie: Jean-Pierre Jeunet)

DER KOCH, DER DIEB, SEINE FRAU UND IHR LIEBHABER (THE COOK THE THIEF HIS WIFE & HER LOVER, Frankreich/Niederlande 1989, Regie: Peter Greenaway)

DER MIT DEM WOLF TANZT (DANCES WITH WOLVES, USA 1990, Regie: Kevin Costner)

(DER GEHEIMNISVOLLE) DOKTOR X (DOCTOR X, USA 1932, Regie: Michael Curtiz)

(DIE) EROTISCHEN ABENTEUER DES ROBINSON CRUSOE (THE EROTIC ADVENTURES OF ROBINSON CRUSOE, USA 1975, Regie: Ken Dixon)

FAREWELL TO THE KING - Sie nannten ihn Leroy (FAREWELL TO THE KING, USA 1989, Regie: John Milius)

FREITAG UND ROBINSON (MAN FRIDAY, USA 1975, Regie: Jack Gold)

GESICHTER DES TODES (FACES OF DEATH, USA 1978, Regie: Conan Le Cilaire)

(THE) GREEN INFERNO (vorl. Arbeitstitel: THE GREEN INFERNO, USA 2013, Regie: Eli Roth)

(DAS) GROSSE FRESSEN (LA GRANDE BUOFFE, Frankreich 1973, Regie: Marco Ferreri)

GUINEA AMA (NUOVA GUINEA: L'ISOLA DIE CANNIBALI, Italien/Japan 1974, Regie: Akira Ide)

GWENDOLINE (GWENDOLINE, Frankreich 1984, Regie: Just Jaeckin)

HANNIBAL (HANNIBAL, USA/Großbritannien/Italien 2001, Regie: Ridley Scott)

HANNIBAL RISING - Wie alles begann (HANNIBAL RISING, Großbritannien 2007, Regie: Peter Webber)

HANS STADEN (A JUNESCHE BEEN ERMI URAMME, Brasilien 1999, Regie: Luiz Alberto Pereira)

HERR DER FLIEGEN (LORD OF THE FLIES, Großbritannien 1963, Regie: Peter Brook)

HERR DER FLIEGEN (LORD OF THE FLIES, USA 1990, Regie: Harry Hook)

HERZ IN DER FINSTERNIS (HEART OF DARKNESS, USA 1994, Regie: Nicolas Roeg)

HOBO WITH A SHOTGUN (HOBO WITH A SHOTGUN, Kanada 2011, Regie: Jason Eisener)

HOW TASTY WAS MY LITTLE FRENCHMAN (COMO ERA GOSTOSO O MEU FRANCÊS, Brasilien 1971, Regie: Nelson Pereira dos Santos)

(LAS) HURDES - Land ohne Brot (LAS HURDES - Tierra Sin Pan, Spanien 1932, Regie: Luis Buñuel)

ICH FOLGTE EINEM ZOMBIE (I WALKED WITH A ZOMBIE, USA 1943, Regie: Jacques Tourneur)

I'LL BE GLAD WHEN YOU'RE DEAD, YOU RASCAL YOU (I'LL BE GLAD WHEN YOU'RE DEAD, YOU RASCAL YOU, USA 1932, Regie: Dave Fleischer)

INDIANA JONES UND DAS KÖNIGREICH DES KRISTALLSCHÄDELS (INDIANA JONES AND THE KINGDOM OF THE CRYSTAL SKULL, USA 2008, Regie: Steven Spielberg)

INDIANA JONES UND DER TEMPEL DES TODES (INDIANA JONES AND THE TEMPLE OF DOOM, USA 1984, Regie: Steven Spielberg)

JÄGER DES VERLORENEN SCHATZES (RAIDERS OF THE LOST ARK, USA 1981, Regie: Steven Spielberg)

JUNGFRAU UNTER KANNIBALEN (SEXO CANÍBAL, Spanien/Frankreich/Deutschland 1980, Regie: Jesus Franco)

JUNGLE JITTERS (JUNGLE JITTERS, USA 1938, Regie: Friz Freleng)

KARAMOJA (KARAMOJA, USA 1954, Regie: William B. Treutle)

KING KONG (KING KONG, USA 1976, Regie: John Guillermin)

KING KONG (KING KONG, USA/Neuseeland 2005, Regie: Peter Jackson)

KING KONG UND DIE WEISSE FRAU (KING KONG, USA 1933, Regie: Merian C. Cooper, Ernest B. Schoedsack)

KING OF THE CANNIBAL ISLANDS (KING OF THE CANNIBAL ISLANDS, USA 1908, Regie: Walter McCutcheon)

KING SOLOMON'S MINES (KING SOLOMON'S MINES, USA 1937, Regie: Robert Stevenson)

LEBENDIG GEFRESSEN (MANGIATI VIVI!, Italien 1980, Regie: Umberto Lenzi)

LITTLE OL' BOSKO AND THE CANNIBALS (LITTLE OL' BOSKO AND THE CANNIBALS, USA 1937, Regie: Hugh Harman)

LOST (LOST, USA 2004-2010, nach einer Idee von J. J. Abrams, Damon Lindelof und Jeffrey Lieber)

MACHETE (MACHETE, USA 2010, Regie: Robert Rodriguez)

(DER) MANN, DEN SIE PFERD NANNTEN (A MAN CALLED HORSE, USA 1970, Regie: Elliot Silverstein)

MICKEY'S MAN FRIDAY (MICKEY MOUSE in MICKEY'S MAN FRIDAY, USA 1935, Regie: David Hand)

MOBY DICK (MOBY DICK, USA 2010, Regie: Mike Barker)

MOLLY MOO COW AND ROBINSON CRUSOE (MOLLY MOO COW AND ROBINSON CRUSOE, USA 1936, Regie: Burt Gillett, Tom Palmer)

MONDO CANE (MONDO CANE, Italien 1962, Regie: Gualtiero Jacopetti, Franco Prosperi, Paolo Cavara)

MONDO CANNIBALE (IL PAESE DEL SESSO SELVAGGIO, Italien 1972, Regie: Umberto Lenzi)

MONDO CANNIBALE, 2. TEIL - Der Vogelmensch (ULTIMO MONDO CANNIBALE, Italien 1977, Regie: Ruggero Deodato)

MONDO CANNIBALE 3. TEIL - Die blonde Göttin (MONDO CANNIBALE, Frankreich/Spanien/Deutschland/Italien 1980, Regie: Jesus Franco, Franco Prosperi)

MONDO CANNIBALE (MONDO CANNIBALE, Italien 2003, Regie: Bruno Mattei)

(HIS) **MOUSE FRIDAY** (TOM & JERRY in HIS MOUSE FRIDAY, USA 1951, Regie: William Hanna, Joseph Barbera)

MR. ROBINSON CRUSOE (MR. ROBINSON CRUSOE, USA 1932, Regie: A. Edward Sutherland)

(DIE) **NACHT DER LEBENDEN TOTEN** (NIGHT OF THE LIVING DEAD, USA 1968, Regie: George A. Romero)

NACKT UND ZERFLEISCHT (CANNIBAL HOLOCAUST, Italien/Kolumbien 1980, Regie: Ruggero Deodato)

NACKT UNTER KANNIBALEN (EMANUELLE E GLI ULTIMI CANNIBALI, Italien 1977, Regie: Joe D'Amato)

(DER) **NAVIGATOR** (THE NAVIGATOR, USA 1924, Regie: Buster Keaton, Donald Crisp)

OUT OF ROSENHEIM (OUT OF ROSENHEIM - BAGDAD CAFE, Deutschland/USA 1987, Regie: Percy Adlon)

PAPAYA - Die Liebesgöttin der Kannibalen (PAPAYA DIE CARAIBI, Italien 1978, Regie: Joe D'Amato)

(DIE) PASSION CHRISTI (THE PASSION OF THE CHRIST, USA/Italien 2004, Regie: Mel Gibson)

PIRATES OF THE CARIBBEAN - Fluch der Karibik 2 (PIRATES OF THE CARIBBEAN: Dead Man's Chest, USA 2006, Regie: Gore Verbinski)

PLANE DUMB (TOM & JERRY in PLANE DUMB, USA 1932, Regie: John Foster, George Rufle)

PLANET TERROR (GRINDHOUSE: PLANET TERROR, USA 2007, Regie: Robert Rodriguez)

PROFESSOR BONEHEAD IS SHIPWRECKED (PROFESSOR BONEHEAD IS SHIPWRECKED, USA 1917, Regie: Harry Palmer)

QUATERMAIN - Auf der Suche nach dem Schatz der Könige (KING SOLOMON'S MINE, USA 1985, Regie: J. Lee Thompson)

QUATERMAIN UND DER SCHATZ DES KÖNIG SALOMON (KING SOLOMON'S MINES, USA 2004, Regie: Steve Boyum)

(DIE) **RACHE DER KANNIBALEN** (CANNIBAL FEROX, Italien 1980, Regie: Umberto Lenzi)

RIVER OF DEATH - Fluß des Grauens (RIVER OF DEATH, USA 1989, Regie: Steve Carver)

(THE) ROAD (THE ROAD, USA 2009, Regie: John Hillcoat)

ROBINSON CRUSOE (ROBINSON CRUSOE, Großbritannien 1927, Regie: M. A. Wetherell)

ROBINSON CRUSOE (ROBINSON CRUSOE, USA 1997, Regie: Rod Hardy, George T. Miller)

ROBINSON CRUSOE ON SIN ISLAND (ROBINSON CRUSOE ON SIN ISLAND, Spanien 2005, Regie: Alessandro del Mar)

ROBINSON JR. (IL SIGNOR ROBINSON - Mostruosa storia d'amore e d'avventure, Italien 1976, Regie: Sergio Corbucci)

ROBINSON UND SEINE WILDEN SKLAVINNEN (ROBINSON UND SEINE WILDEN SKLAVINNEN, Deutschland/Frankreich 1971, Regie: Jesus Franco)

ROHTENBURG (GRIMM LOVE, Deutschland/USA 2006, Regie: Martin Weisz)

ROTER DRACHE (RED DRAGON, USA 2002, Regie: Brett Ratner)

(DIE) SCHLANGE IM REGENBOGEN (THE SERPENT AND THE RAINBOW, USA 1988, Regie: Wes Craven)

(DAS) SCHWEIGEN DER LÄMMER (THE SILENCE OF THE LAMBS, USA 1991, Regie: Jonathan Demme)

(DIE) SELTSAMEN UND EINZIGARTIGEN ABENTEUER DES ROBINSON CRUSOE AUS YORK, BERICHTET VON IHM SELBST (DIE SELTSAMEN UND EINZIGARTIGEN ABENTEUER DES ROBINSON CRUSOE AUS YORK, BERICHTET VON IHM SELBST, Deutschland/Frankreich 1964, Regie: Jean Sacha)

(DIE) **SIMPSONS** (THE SIMPSONS, USA 1989ff., nach einer Idee von Matt Groening).

SKULL ISLAND - Eine Naturgeschichte (SKULL ISLAND: A Natural History, USA 2006, Regie: Michael Pellerin)

SO LIEBT MAN IN PARIS (GENTLEMEN MARRY BRUNETTES, USA 1955, Regie: Richard Sale)

SOUTH PARK (SOUTH PARK, USA 1997ff., nach einer Idee von: Trey Parker, Matt Stone)

SYMPHONIE DER LIEBE (EKSTASE, Tschechoslowakei/Österreich 1933, Regie: Gustav Machatý)

TARZAN DER AFFEN (TARZAN OF THE APES, USA 1918, Regie: Scott Sidney)

(DER) **TODESMUTIGE** (THE NAKED PREY, Südafrika/USA 1966, Regie: Cornel Wilde)

(DER) TODESSCHREI DER KANNIBALEN (PRIMITIF, Indonesien 1978, Regie: Sisworo Gautama Putra)

TRADER MICKEY (Walt Disney's MICKEY MOUSE in TRADER MICKEY, USA 1932, Regie: David Hand)

ÜBERLEBEN! (ALIVE, USA 1993, Regie: Frank Marshall)

ÜBERLEBEN! (SUPERVIVIENTES DE LOS ANDES, Mexiko 1976, Regie: René Cardona)

(THE) WAR GAME (THE WAR GAME, Großbritannien 1965, Regie: Peter Watkins)

(DER) **WEG NACH SANSIBAR** (ROAD TO ZANZIBAR, USA 1941, Regie: Victor Schertzinger)

(DIE) **WEISSE GÖTTIN DER KANNIBALEN** (LA MONTAGNA DEL DIO CANNIBALE, Italien 1978, Regie: Sergio Martino)

WHITE ZOMBIE (WHITE ZOMBIE, USA 1932, Regie: Victor Halperin)

(THE) WOMAN (THE WOMAN, USA 2011, Regie: Lucky McKee)

WOODOO – Die Schreckensinsel der Zombies (ZOMBI 2, Italien 1979, Regie: Lucio Fulci)

ZOMBIE (DAWN OF THE DEAD, USA 1978, Regie: George A. Romero)

ZOMBIES UNTER KANNIBALEN (ZOMBI HOLOCAUST, Italien 1980, Regie: Marino Girolami)

13.2 Literaturverzeichnis

13.2.1 Quellen (in Übersetzung)

Herodot: Historien. Deutsche Gesamtausgabe. Übersetzt von A. Horneffer. Neu herausgegeben und erläutert von H. W. Haussig. Mit einer Einleitung von W. F. Otto, (4. Aufl.) Stuttgart 1971.

Homer: Illias - Odyssee, in der Übertragung von Johann Heinrich Voß, München 2002.

13.2.2 Artikel, Aufsätze und Monographien

Arend, Stefanie: ›Der wohlgefestigte Zustand des Fleisches‹. Epikureische Leibsicherheit im Spiegel der Kannibalen: Wezels *Belphegor* und *Robinson Krusoe*. In: *Fulda, Daniel; Pape, Walter (Hrsg.)*: Das Andere Essen. Kannibalismus als Motiv und Metapher in der Literatur, Freiburg im Breisgau 2001, S. 217-240.

Baudy, Gerhard: Der kannibalische Hirte. Ein Topos der antiken Ethnographie in kulturanthropologischer Deutung. In: *Keck, Annette; Kording, Inka; Prochaska, Anja (Hrsg.)*: Verschlungene Grenzen. Anthropophagie in Literatur und Kulturwissenschaften, Tübingen 1999, S. 221-242.

Bitterli, Urs: Kolumbus und die „Wilden". In: GWU (Geschichte in Wissenschaft und Unterricht) 1/1993 (Jg. 44), S. 19-28.

Bode, Christoph: »Distasteful Customs«. Richard F. Burton über den Kannibalismus der Fan. In: *Fulda, Daniel; Pape, Walter (Hrsg.)*: Das Andere Essen. Kannibalismus als Motiv und Metapher in der Literatur, Freiburg im Breisgau 2001, S. 147-168.

Brinckmann, Christine N.: Unsägliche Genüsse. In: Montage/AV. Zeitschrift für Theorie und Geschichte audiovisueller Kommunikation, 2/2001, (Jg. 10), S. 77-94.

Brottman, Mikita: Meat Is Murder! An Illustrated Guide To Cannibal Culture, (2. Aufl.) London, New York 2001.

Bucher, Bernadette: Die Phantasien der Eroberer. Zur graphischen Repräsentation des Kannibalismus in de Brys *America*. In: *Kohl, Karl-Heinz (Hrsg.)*: Mythen der Neuen Welt. Zur Entdeckungsgeschichte Lateinamerikas (Katalog), Berlin 1982, S. 75-91.

Frank, Erwin: »Sie fressen Menschen, wie ihr scheußliches Aussehen beweist...«. Kritische Überlegungen zu Zeugen und Quellen der Menschenfresserei. In: *Duerr, Hans Peter (Hrsg.)*: Authentizität und Betrug in der Ethnologie, Frankfurt am Main 1987, S. 199-224.

Fricke, Harald: Der Affe als Method Actor. In: TAZ Nr. 7844, (Jg. 27) 13.12.2005, S. 15.

Fritz, Jochen: Der Zombie im Zeitalter seiner technischen Reproduzierbarkeit. In: *Ders.; Stewart, Neil (Hrsg.)*: Das schlechte Gewissen der Moderne. Kulturtheorie und Gewaltdarstellung in Literatur und Film nach 1968, Köln 2006, S. 77-98.

Fulda, Daniel: Unbehagen in der Kultur, Behagen in der Unkultur. Ästhetische und wissenschaftliche Faszination der Anthropophagie. In: *Ders.; Pape, Walter (Hrsg.)*: Das Andere Essen. Kannibalismus als Motiv und Metapher in der Literatur, Freiburg im Breisgau 2001, S. 7-50.

Gerlach, Alf: Kannibalische Liebe, kannibalischer Haß. Psychoanalytische Überlegungen zu kannibalischen Phantasien und Ritualen. In: *Röckelein, Hedwig (Hrsg.)*: Kannibalismus und europäische Kultur, Tübingen 1996, S. 207-232.

Geulen, Christian: Geschichte des Rassismus, München 2007.

Goodall, Mark: Sweet & Savage. The world through the shockumentary film lens, London 2006.

Gunning, Tom: Vor dem Dokumentarfilm. Frühe *non-fiction*-Filme und die Ästhetik der »*Ansicht*«. In: KINtop 4 (1995), Anfänge des dokumentarischen Films, S. 111-121.

Höltgen, Stefan: Der Mensch isst, was er ist. Film und Kannibalismus. In: Splatting Image, 50/2002, S. 13-16.

Keßler, Christian: Das wilde Auge. Ein Streifzug durch den italienischen Horrorfilm, Meitingen 1997.

Ders.: Die läufige Leinwand. Der amerikanische Hardcorefilm von 1970 bis 1985, Berlin 2011.

Ders.: Fleisch von meinem Fleisch. Kannibalen rund um die Welt. In: Splatting Image, 66/2006, S. 11-16.

Ders.: The Wurst is yet to come. Mehr Kannibalensnacks. In: Splatting Image 67/2006, S. 9-14.

Krützen, Michaela: »I'm having an old friend for dinner«. Ein Menschenfresser im Klassischen Hollywoodkino. In: *Fulda, Daniel; Pape, Walter (Hrsg.)*: Das Andere Essen. Kannibalismus als Motiv und Metapher in der Literatur, Freiburg im Breisgau 2001, S. 483-531.

Dies.: Väter, Engel, Kannibalen. Figuren des Hollywoodkinos, Frankfurt am Main 2007.

Lebek, Wolfgang Dieter: Kannibalen und Kariben auf der Ersten Reise des Columbus. In: *Fulda, Daniel; Pape, Walter (Hrsg.)*: Das Andere Essen. Kannibalismus als Motiv und Metapher in der Literatur, Freiburg im Breisgau 2001, S. 53-112.

Lehman, Christopher P.: The Colored Cartoon. Black representation in American animated short films, 1907-1954, Amherst 2009.

Lustig, Wolf: *A Junesche been ermi uramme*: die filmische Umsetzung von Hans Stadens *Wahrhaftige[r] Historie der wilden, nackten grimmigen Menschenfresser-Leute* als ‚Re-Tupierung' der europäisch-brasilianischen Begegnung. In: *Fendler, Ute; Wehrheim, Monika (Hrsg.)*: Entdeckung, Eroberung, Inszenierung. Filmische Versionen der Kolonialgeschichte Lateinamerikas und Afrikas, München 2007, S. 77-100.

Maltin, Leonard: Der klassische amerikanische Zeichentrickfilm. Der berühmteste Film der Welt und seine Geschichte, München 1982.

Menninger, Annerose: Die Kannibalen Amerikas und die Phantasien der Eroberer. Zum Problem der Wirklichkeitswahrnehmung außereuropäischer Kulturen durch europäische Reisende in der frühen Neuzeit. In: *Röckelein, Hedwig (Hrsg.)*: Kannibalismus und europäische Kultur, Tübingen 1996, S. 115-141.

Dies.: Die Macht der Augenzeugen. Neue Welt und Kannibalen-Mythos, 1492-1600, Stuttgart 1995.

Dies.: Wie die alte Welt in die Neue kam. Zur Rekonstruktion der Kannibalenkonzepte in den frühesten Reiseberichten über Amerika. In: GWU 2/2007 (Jg. 58), S. 90-104.

Moser, Christian: Kannibalische Katharsis. Literarische und filmische Inszenierungen der Anthropophagie von James Cook bis Bret Easton Ellis, Bielefeld 2005.

Ders.: Kannibalismus als Metapher des Verstehens. Der Horror-Film im Dialog mit der Ethnographie. In: *Fritz, Jochen; Stewart, Neil (Hrsg.)*: Das schlechte Gewissen der Moderne. Kulturtheorie und Gewaltdarstellung in Literatur und Film nach 1968, Köln 2006, S. 55-76.

Musser, Charles: Der frühe Dokumentarfilm. In: *Nowell-Smith, Geoffrey (Hrsg.)*: Geschichte des internationalen Films, Stuttgart, Weimar 1998 A, S. 80-88.

Ders.: Der Dokumentarfilm. In: *Nowell-Smith, Geoffrey (Hrsg.)*: Geschichte des internationalen Films, Stuttgart, Weimar 1998 B, S. 290-301.

Novak, Maximillian E.: Fleischlose Freitage. Kannibalismus als Thema und Metapher in Defoes *Robinson Crusoe*. In: *Fulda, Daniel; Pape, Walter (Hrsg.)*: Das Andere Essen. Kannibalismus als Motiv und Metapher in der Literatur, Freiburg im Breisgau 2001, S. 197-216.

Peter-Röcher, Heidi: Mythos Menschenfresser. Ein Blick in die Kochtöpfe der Kannibalen, München 1998.

Riße, Manfred: Abendmahl der Mörder. Kannibalen - Mythos und Wirklichkeit, Leipzig 2007.

Röckelein, Hedwig: Kannibalismus und europäische Kultur. In: *Dies. (Hrsg.)*: Kannibalismus und europäische Kultur, Tübingen 1996, S. 9-27.

Russel, James: Book of the Dead. The complete History of Zombie Cinema, (4. Aufl.) Godalming, Surrey 2008.

Schäffauer, Markus Klaus: Bilder des Unsagbaren: *Cabeza de Vaca*. In: *Fendler, Ute; Wehrheim, Monika (Hrsg.)*: Entdeckung, Eroberung, Inszenierung. Filmische Versionen der Kolonialgeschichte Lateinamerikas und Afrikas, München 2007, S. 101-115.

Schrey, Dominik: "If I die, you can eat me" - Kannibalismus als Motiv im Spielfilm. In: *Hoffstadt, Christian; Peschke, Franz; Schulz-Buchta, Andreas; Nagenborg, Michael (Hrsg.)*: Der Fremdkörper. Bochum, Freiburg im Breisgau 2008, S. 551-570.

Seeßlen, Georg: Filmwissen: Abenteuer. Grundlagen des populären Films, (2., erweiterte Aufl.) Marburg 2011.

Ders.: George A. Romero und seine Filme, Bellheim 2010.

Slater, Jay (Hrsg.): Eaten alive! Italian cannibal and zombie movies, (2. Aufl.) London 2006.

Spiel, Christian: Menschen essen Menschen. Die Welt der Kannibalen, Frankfurt am Main 1974.

Stiglegger, Marcus: Terrorkino. Angst/Lust und Körperhorror, Berlin 2010.

Thomsen, Christian W.: Menschenfresser - in Mythen, Kunst und fernen Ländern, (überarbeitete Neuausgabe) Erfstadt 2006.

Wake, Jenny: The Making of King Kong. The official Guide to the Motion Picture, New York 2005.

Wehrheim, Monika: Ein Bote des Lichts im Reich der Finsternis: Kolumbus in Ridley Scotts *1492 - The Conquest of Paradise*. In: *Fendler, Ute; Wehrheim, Monika (Hrsg.)*: Entdeckung, Eroberung, Inszenierung. Filmische Versionen der Kolonialgeschichte Lateinamerikas und Afrikas, München 2007, S. 3-25.

Windisch, Martin: Inszenierte Anthropophagie auf der Bühne der Shakespeare-Zeit. In: *Keck, Annette; Kording, Inka; Prochaska, Anja (Hrsg.)*: Verschlungene Grenzen. Anthropophagie in Literatur und Kulturwissenschaften, Tübingen 1999, S. 67-86.

-MAERZ-: Fleisch ist Fleisch. In: Splatting Image, 08/1991, S. 5-14.

Zeitfracht Medien GmbH
Ferdinand-Jühlke-Straße 7
99095 Erfurt, Deutschland
produktsicherheit@kolibri360.de